LES

COURTISANES DU MONDE

Troisième et dernière série des

GRANDES DAMES

ARSÈNE HOUSSAYE

LES GRANDES DAMES
MONSIEUR DON JUAN. — MADAME VÉNUS. — LES PÉCHERESSES BLONDES
UNE TRAGÉDIE A EMS

LES PARISIENNES
LA FEMME QUI FRAPPE. — MADEMOISELLE PHRYNÉ. — LES FEMMES ADULTÈRES
LES FEMMES DÉCHUES.

10e édition. — 8 vol. in-8 cavalier, avec portraits et gravures, 40 fr.

HISTOIRE DU 41e FAUTEUIL DE L'ACADÉMIE
DEPUIS MOLIÈRE JUSQU'A BÉRANGER

7e éd. — Portraits. — 1 vol. in-8 cavalier

MADEMOISELLE DE LA VALLIÈRE
ÉTUDES HISTORIQUES SUR LA COUR DE LOUIS XIV

5e éd. — Portraits. — 1 vol. in-8 cavalier

LE ROI VOLTAIRE
5e éd. — Gravures. — 1 vol. in-8 cavalier

HISTOIRE DE L'ART FRANÇAIS AU XVIIIe SIÈCLE
Nouvelle édition. — 1 vol. in-8 cavalier. — Portraits

VOYAGE A MA FENÊTRE
1 vol. in-8 cavalier. — 5e édition. — Gravure de Johannot

NOTRE-DAME DE THERMIDOR
Nouvelle édition. — 1 vol. in-8 cavalier. — Portraits

HISTOIRE DE LÉONARD DE VINCI
1 vol. in-8. — Portraits

MADEMOISELLE CLÉOPATRE
8e éd. — 1 vol. grand in-8

PRINCESSES DE COMÉDIE ET DÉESSES D'OPÉRA
1 vol. in-8 cavalier. — 10e éd. — Gravures de Flameng

LE ROMAN DE LA DUCHESSE
7e éd. — 1 vol. in-18

HISTOIRE DES PEINTRES FLAMANDS
1 vol. in-folio, illustré de 100 magnifiques gravures

POÉSIES COMPLÈTES
8e édition — 1 volume in-8. — Gravures

PARIS. — TYP. ALCAN-LÉVY, 61, RUE LAFAYETTE.

LA FEMME DE NEIGE

Imp Ch Chardon ainé — Paris

ARSÈNE HOUSSAYE

LES
COURTISANES
DU
MONDE

III
LES FEMMES DÉMASQUÉES

PARIS
E. DENTU, LIBRAIRE-ÉDITEUR
PALAIS-ROYAL, 17 ET 19, GALERIE D'ORLÉANS

MDCCCLXX
Tous droits réservés

LIVRE I

LE SECRET DE LA TOMBE

L'imagination ne saurait inventer tant de tragédies et de comédies qu'il y en a naturellement dans notre cœur.
              LA ROCHEFOUCAULD.

Le bonheur est un état de l'âme ; par conséquent il ne peut être durable. C'est un nom abstrait composé de quelques idées de plaisir.
              M. DE VOLTAIRE.

Prends garde avant de parler et avant de rire : un atome fait ombre.
              PYTHAGORE.

Si tu dois lui donner ton âme, courbe la tête, bonne bête de mari ; le joug sera dur. Pas une femme n'épargne l'homme qui l'aime. Celle qui rendrait amour pour amour ne s'en ferait pas moins un jeu de torturer son homme. Plus on est d'étoffe à faire un mari parfait, moins il faut s'enchaîner par le mariage.
              JUVÉNAL.

De toutes les passions violentes, celle qui sied le moins mal aux femmes, c'est l'amour.
La Rochefoucauld.

N'interromps pas une femme qui danse pour lui donner un avis.
Pythagore.

Il s'est trouvé des filles qui avaient de la vertu, mais qui n'étaient pas assez riches pour faire dans une riche abbaye vœu de pauvreté.
La Bruyère.

La vie humaine n'est qu'une illusion perpétuelle. On ne fait que s'entre-tromper et s'entre-flatter. Personne ne parle de nous en notre présence comme il en parle en notre absence. L'union qui est entre les hommes n'est fondée que sur cette mutuelle tromperie.
Pascal.

La même fermeté qui sert à résister à l'amour sert aussi à le rendre violent.
La Rochefoucauld.

Défie-toi de tout, ne désespère de rien.
Pythagore.

I

L'apparition

EVANT cette apparition de la Femme de Neige qui descendait l'escalier de la crypte des tombeaux, Bérangère poussa un cri.

L'homme à la lampe se retourna, il eut peur lui-même comme s'il eût vu un fantôme dans un drap mortuaire.

Pourquoi cette étrangère était-elle venue jusque-là ? Sans doute elle ne venait pas prier sur le tombeau du duc et de la duchesse de Parisis.

Elle ne dit pas son secret, car pendant que Bérangère, revenue de son saisissement, essayait de rappeler Violette à la vie, la Femme de Neige se retourna et remonta l'escalier sans répondre à la question de l'homme à la lampe qui avait crié :

— Qui va là ?

— Est-ce que c'est une habitante du château ? demanda Bérangère à cet homme.

— Je ne la connais pas. Je ne l'ai jamais vue, si ce n'est peut-être dans mes visions de la nuit.

— Courez ! dit Bérangère à l'homme à la lampe. Il faut savoir quelle est cette femme.

Montal, heureux d'aller revoir le ciel et de respirer, se hâta de courir sur les traces de la fugitive.

Ce fut vainement qu'on chercha partout la Femme de Neige, elle avait disparu.

Comment était-elle venue là ? On apprit qu'elle s'était présentée dans la cour d'honneur où une servante lui avait crié du haut du perron :

— Tout le monde est à la chapelle.

Elle était allée vers la chapelle.

L'apparition

On ne savait rien de plus.

Sans doute c'était un vivant et non un mort qu'elle cherchait.

— Ce n'était pas une femme, c'était une vision, dit l'homme à la lampe en redescendant l'escalier des tombeaux.

II

Le tombeau de Geneviève

Il n'y avait donc personne dans le cercueil, selon l'expression du serrurier.

On peindrait mal la surprise douloureuse, l'espérance troublée qui s'exprimèrent soudainement sur la figure de Violette, de Bérangère, de l'homme à la lampe et du serrurier lui-même, un philosophe de cabaret qui prenait tout en riant.

Cette fois il ne riait pas.

Il avait posé sur les dalles le couvercle en plomb afin de mieux regarder. Il prit un drap, le tira à lui, puis un oreiller, puis un autre drap.

— Le lit était bien fait, dit-il, mais on a oublié d'y coucher le mort.

— Oh! quel malheur! murmura Violette, il ne me reste même pas la consolation de le retrouver mort, ce pauvre Octave

Elle tomba agenouillée.

— Mais c'est un sacrilége! reprit-elle. Qui donc s'est emparé du corps de M. de Parisis?

— Voyez-vous, dit Bérangère, je suis désespérée d'être venue vous voir, car tout ce qui se passe dans ce château me rendra folle.

— Ma foi, c'est bien drôle! dit le serrurier qui tenait dans ses bras deux draps et un oreiller.

— Je ne m'étonne plus, dit l'homme à la lampe, d'avoir vu apparaître le fantôme de monsieur le duc. Voyez-vous, c'est un mort qui cherche son tombeau.

Violette, qui s'était relevée, s'approcha du cercueil de la duchesse.

— Et Geneviève! dit-elle, qui sait si elle est là?

Le serrurier proposa d'ouvrir le cercueil de la duchesse.

Un pressentiment frappa l'âme de Violette.

Elle pensa qu'elle allait trouver Octave et Geneviève dans le même cercueil.

Elle fut jalouse.

— Oui, dit-elle, ouvrez bien vite cet autre cercueil.

Le serrurier se mit à l'œuvre.

— Après cela, dit l'homme à la lampe, comme si la même idée que Violette eût frappé son front, on va peut-être les trouver tous les deux dans le même lit.

— Chut! dit Violette avec un air de dignité.

En moins d'un quart d'heure le travail fût fait.

Les deux amies étaient restées là debout, quoique le serrurier leur eût conseillé de prendre l'air.

— Ah! cette fois il y a quelqu'un, dit tout à coup l'homme à la lampe.

Violette chancela et s'appuya sur Bérangère.

— Oui, dit le serrurier, je reconnais mademoiselle Geneviève, je veux dire la duchesse de Parisis. Ah! comme c'est triste.

Il recula d'un pas et reprit sa tabatière.

— Voyons ! dit Violette dans sa curiosité fiévreuse.

Que vit-elle ?

Sa chère Geneviève devenue presque noire dans son linceul blanc tout ensanglanté. Les odieuses blessures de M. de Fontaneilles avaient marqué jusque dans la mort. Vainement on avait enveloppé la pauvre femme dans un drap, dans un second drap, puis dans un troisième drap, le sang avait transpercé.

— Les beaux cheveux blonds ! dit Violette.

De toute sa beauté c'était la seule chose qui restait à Geneviève. Il lui restait aussi ses dents. Mais où retrouver ses belles lèvres rouges comme des framboises qui souriaient avec un charme si pénétrant ! Et ses beaux yeux noirs qui sous les cheveux blonds exprimaient si vivement les choses du cœur !

— Oh ! la mort ! l'horrible mort ! dit Bérangère en se penchant vers Geneviève avec la curiosité de l'artiste et de la femme. Quand je pense que la statue qui sort de mes mains vivra plus longtemps que mon corps qui a été pétri par Dieu !...

— Oui, oui, dit le serrurier, c'est toujours

au cimetière qu'on fait des réflexions philosophiques. Il faut baisser le couvercle, n'est-ce pas, mesdames ? car les morts tuent autant de vivants que les vivants tuent de morts. Tout le monde se venge.

Le serrurier avait déjà jeté deux fois du vinaigre sur la morte.

— Ne vous hâtez pas, reprit Bérangère, laissons tomber un peu de lumière dans cette nuit éternelle !

Violette s'était penchée aussi.

Le dirai-je ? Elle était heureuse, sans se l'avouer, de voir que Parisis n'était pas couché avec Geneviève pour la dernière nuit....

Et pourtant il lui eût été doux dans sa douleur de toucher encore une fois la main de son amant.

— Attendez, dit-elle au serrurier.

Elle détacha sa bague de son doigt et elle la posa religieusement sur le sein de Geneviève.

— Il faut la lui mettre au doigt, dit mademoiselle de Saint-Réal.

— Non, dit Violette, vous voyez bien que ses mains sont enveloppées dans le linceul. Ne la troublons pas dans son sommeil.

Et Violette donna un baiser de paix sur les cheveux de sa cousine.

— Prenez garde, dit le serrurier en jetant encore du vinaigre.

— Avec tout cela, dit l'homme à la lampe, on ne retrouve pas monsieur le duc. C'est pourtant bien son cercueil.

Le serrurier lut tout haut l'inscription frappée sur une feuille d'étain clouée sur le velours : *Jean-Octave, duc de Parisis.*

— Comment va-t-on faire ? demanda l'homme à la lampe, car les deux tombes en marbre commandées l'an passé vont arriver ces jours-ci.

— On attendra, dit Violette. Puisque mon cousin et ma cousine sont morts en même temps, il faut qu'ils soient mis en même temps dans leurs tombes de marbre.

Les deux amies, troublées jusqu'au fond de l'âme, remontèrent l'escalier de la crypte. Violette s'agenouilla et pria dans la chapelle, pendant que Bérangère étudiait les détails de l'architecture.

Comme Violette, elle était ravie du caractère de cette chapelle, restaurée dans le style du gothique fleuri, un chef-d'œuvre par la légèreté hardie de l'architecture.

On ne s'est jamais bien entendu sur le mot *Renaissance*.

Presque tous les historiens disent la Renaissance des arts, la Renaissance des lettres, la Renaissance de l'esprit humain. C'est une grave erreur. Au seizième siècle, comme au quinzième, la France avait ses lettres, ses arts, son esprit humain. La Renaissance ne fut autre chose qu'un retour vers le passé, une porte ouverte sur l'antiquité. Comme il arrive souvent, le mot viola l'idée.

L'art français, pour n'aborder ici qu'une des faces de la question, était alors dans toute sa force, dans toute sa sève, dans tout son épanouissement. Il n'avait donc pas à renaître, puisqu'il vivait d'une vie primitive et féconde. Il vivait dans les cathédrales, il vivait dans les châteaux, il vivait dans les plus humbles maisons, puisque la céramique et l'enluminure avaient pénétré partout. Si notre imagination retourne à travers ces siècles méconnus et ranime comme par enchantement les splendeurs de l'art du moyen âge, nous reviendrons tout éblouis de ce pèlerinage radieux. Que n'aurons-nous pas admiré ? Les poèmes de pierres vives, ces admirables églises, toutes peuplées de statues, tout animées de bas-reliefs, de fresques à fonds d'or, de tapisseries merveilleuses. Et sur les autels, quelle orfévrerie féerique où toutes les formes ont tenté l'ouvrier, où l'or, l'argent, le bronze, le fer, rivalisent par les tons pour que l'harmonie soit plus parfaite. Et ces guipures idéales qui semblent filées par les anges. Et ces chasubles tissées d'or et d'argent par des mains de fées. Et ces missels à images où le calligraphe et l'enlumineur ont révélé leur science des ornements et des expressions. Cet évêque qui passe avec sa dalmatique, sa crosse, sa mître et son anneau, est tout enchâssé dans l'art. Ne serez-vous pas émerveillé aussi par ces mosaïques, par ces marbres tumulaires, par ces pierres tombales où sont dessinés dans le sentiment primitif les morts qui ont laissé un souvenir ?

Mais tout dans l'Église ne parle-t-il pas la langue de l'art ? Tout ! jusqu'à la lumière, cette âme de Dieu, qui vient par les vitraux, où les poèmes de la Passion comme les légendes de la Bible sont traduits par des mains naïves et savantes.

Et ce pèlerinage dans les églises, vous pourrez le faire jusque dans les plus obscurs manoirs, jusque dans les chaumières les plus simples ; partout les confréries ont montré leur empreinte ; partout l'art a bégayé sinon parlé cette langue universelle du Beau dans le Vrai, du Sentiment dans la Nature.

Quand Violette eût prié, elle prit le bras de Bérangère et elle l'entraîna dans le parc pour parler encore de l'étrange absence du mort.

Où était-il s'il était mort ?

Où était-il s'il était vivant ?

Et cette femme toute blanche qui était venue comme une apparition et qui avait disparu comme un fantôme ?

III

Le voyage à Ems

Ce fut un grand émoi dans le château quand on se raconta mystérieusement, en faisant le signe de la croix, que le duc de Parisis n'était pas dans son tombeau. Selon l'homme à la lampe il était vivant. Il n'en doutait plus. Un homme comme lui ne pouvait pas mourir comme cela.

Violette n'osait avoir cette opinion. Tout le monde avait constaté sa mort. Monjoyeux lui avait serré la main après l'assassinat de M. de Fontaneilles et la main était déjà glacée. Et puis, s'il n'était pas mort, est-ce qu'il n'aurait pas reparu soit à Paris, soit dans son château ?

Et pourtant qu'avait-on fait de son corps ?

Violette eut un instant l'idée que madame de Fontaneilles avait pu s'en emparer dans l'aveuglement de sa passion. Qui sait si elle ne l'avait pas emporté dans la solitude où elle pleura toutes ses larmes ? Mais on ne détourne pas un mort dans un hôtel d'Ems, quand il y a des témoins des quatre coins de l'univers. D'ailleurs, madame de Fontaneilles avait dû fuir, sans oser montrer sa figure criblée des éclats de la glace.

A propos du procès criminel de M. de Fontaneilles, avait-on, pour la confrontation et pour la constatation des blessures, arraché le corps glacé d'Octave des bras de marbre de la duchesse ?

Violette questionnait Bérangère, Bérangère questionnait Violette. Ce n'était pas la première fois qu'on ne trouvait pas un mort dans son tombeau, mais le duc de Parisis avait eu des témoins de sa mort. Sans doute il n'était pas ressuscité. On sondait l'abîme du tombeau, on se perdait dans la nuit.

On se questionnait aussi sur cette apparition de la Femme de Neige. Quelle était cette femme? D'où venait-elle? Pourquoi avait-elle disparu sans dire un mot, comme au beau temps des légendes?

Violette fit appeler l'intendant. M. Rossignol était un esprit fort qui tenta vainement de calmer ces jeunes imaginations. Il eut pourtant toutes les peines du monde à mal expliquer pourquoi le duc de Parisis n'était pas dans son tombeau.

Sur le soir le bruit se répandit parmi les paysans de Parisis que la Roche-l'Épine avait maintenant deux châtelaines : la jeune fille qui y demeurait depuis six mois et « une grande femme toute blanche » qui y était arrivée le jour même.

On vint dire cela à Violette. Elle ne douta pas que ce ne fût la femme qui était venue le matin au château de Parisis.

— Voulez-vous tenter l'aventure? dit-elle à Bérangère; nous irons à la Roche-l'Épine, nous pénétrerons le mystère.

Bérangère voulut bien, on fit atteler et on partit pour la Roche-l'Épine.

Mais on ne fut pas reçu. Violette eut beau dire qu'elle désirait parler à la maîtresse du logis, celle-ci lui fit répondre qu'elle avait la migraine, mais qu'elle irait la voir bientôt.

Bérangère apprit par une fille de basse-cour, moyennant un louis, que la « jeune dame » avait avec elle depuis midi une femme qu'on n'avait jamais vue dans le pays, une « femme blanche comme une morte, triste comme une sainte, grande comme un arbre. »

Violette pria Bérangère de l'accompagner à Ems. Là seulement elle saurait pourquoi Octave n'était pas dans son cercueil.

Quoique Bérangère n'osât pas dire non à son amie, elle essaya de lui faire comprendre que ce n'était guère le moment, au mois d'avril d'aller faire un tour à Ems, une ville qui dort comme la Belle-au-Bois-dormant, depuis le dernier tour de la roulette jusqu'au premier cri du trente-et-quarante.

Toute douce qu'elle fût, Violette voulait bien ce qu'elle voulait : elle entraîna Bérangère.

Naturellement le voyage fut rapide et triste, quoique égayé çà et là par un mot spirituel de Bérangère. Violette conservait un vague espoir, à chaque station elle ne pouvait arrêter ces mots : « S'il n'était pas mort ! » Bérangère se moquait de Violette.

— Ma chère amie, s'il n'était pas mort, il y a longtemps qu'il ferait des siennes à Paris.

On arriva à Ems. La ville était couverte de brume. Naturellement l'hôtel de Russie était fermé comme tous les hôtels. On rencontra de rares habitants qui avaient l'air égaré comme des visiteurs dans les ruines d'Herculanum et de Pompéïa.

A quelle porte frapper ?

Les deux amies descendirent à la maison des bains. Avant de parler de Parisis on parla de l'hôtel de Russie. Où étaient l'hôtelier et l'hôtelière ? Où étaient les domestiques ? Et les médecins ? Et les magistrats ? On parlait à des Allemands qui comprenaient le français, mais qui avaient l'air de ne pas comprendre.

Violette hasarda le nom du duc de Parisis. Les oreilles se dressèrent, on eut l'air de se réveiller.

— Le duc de Parisis, dit une petite marchande du Kursaal, qui allait bientôt rouvrir sa boutique, je l'ai bien connu, moi qui vous parle. Il m'avait acheté pour plus de mille florins de verreries de Bohême, mais je n'ai pas vu la couleur de son argent, parce qu'il a été tué en duel, je veux dire assassiné.

— Enfin! se disait Violette en se rapprochant de la petite marchande pour ne pas perdre un mot, je vais donc savoir quelque chose.

Mais cette femme ne savait que ce que savait Violette. Blessé mortellement, Octave était allé se jeter sur sa femme; c'était sur les lèvres de Geneviève qu'il avait exhalé son dernier soupir. Dès le jour venu on était allé chercher des cercueils à Coblentz, et dans la journée on partait pour le château de Parisis avec les regrets de tout le pays. « Il était si beau et elle était si belle! » disaient toutes les bouches. Si M. de Fontaneilles ne se fût constitué prisonnier il eût été écharpé.

— Et qui donc, demanda Violette à la marchande de verreries, qui donc a veillé la nuit le duc et la duchesse ?

— Tout le monde et personne. Vous savez comment cela se passe dans les hôtelleries : on va, on vient, on entre, on sort. Il n'y avait ni prêtre ni religieuse.

— Que sont devenus les domestiques de l'hôtel ?

— Sait-on où vont les oiseaux de passage ?

La petite marchande parut réfléchir :

— Attendez donc ! On a dit dans le pays qu'une servante, la nommée Sophie Rossler, s'était bien trouvée de rester la nuit auprès du duc et de la duchesse. En effet, quoiqu'il y eût plus d'un cancan sur son compte, elle a depuis trouvé à se marier avec un charcutier de Coblentz. Elle est revenue ici pendant la dernière saison, se dandinant comme une femme du monde et disant tout haut, pour se donner des airs, que l'eau lui faisait du bien, elle qui ne buvait que du vin. Vous comprenez, madame ?

— Non, je ne comprends pas.

— Elle aura pris la bourse du duc ou de la duchesse de Parisis. Peut-être des bijoux, je ne sais pas. Mais je sais qu'elle débite majestueusement des cochons qui sont bien à elle.

Violette ne comprenait pas bien, parce qu'elle voulait trop comprendre.

— Il faut que je voie cette femme, dit-elle à Bérangère ; nous partirons sitôt le déjeuner.

— Nous ferions mieux d'aller déjeuner chez elle, dit Bérangère, nous mangerions de son boudin.

On déjeuna pourtant à Ems, parce qu'il fallait attendre le départ du train.

A Coblentz, les deux amies trouvèrent la charcutière à son comptoir. C'était une jeune femme un peu grasse, un peu rouge, dents blanches et yeux vifs qui donnait envie de mordre à ses jambons.

Elle était ouverte et gaie comme une créature qui n'a rien sur la conscience.

— Madame, lui dit Violette, je voudrais avoir l'honneur de causer un peu avec vous.

— Bien volontiers, madame, nous allons monter dans mon salon.

— Son salon ! « Je te vas tuer, » murmura Bérangère à l'oreille de Violette.

On monta gravement à la suite de Sophie Rossler qui avait confié son trône à un des aides du bourreau. J'ai voulu dire du mari.

— Madame, dit Violette sans plus de préface, vous étiez à l'hôtel de Russie quand M. de Fontaneilles tua le duc et la duchesse de Parisis.

Un nuage passa sur la figure de la charcutière.

— J'étais la première fille de service.

Sophie Rossler dit cela comme elle eût dit :

— J'étais la première fille d'honneur.

Elle continua :

— J'ai vu toute cette horrible boucherie, c'est moi qui suis accourue aux premiers cris; seulement la porte était fermée à l'intérieur. J'avais beau regarder par le trou de la serrure, je ne voyais rien. Il a fallu enfoncer la porte, mais il était trop tard. Ce M. de Fontaneilles avait frappé le mari comme la femme.

— Et quand vous êtes entrée, demanda Violette, mon cousin et ma cousine respiraient-ils encore ?

La charcutière regarda d'un air défiant celle qui l'interrogeait.

— Voyez-vous, reprit Violette, je m'adresse à vous, parce que je veux savoir mot à mot ce qui s'est passé cette nuit-là. Je suis de la famille de Parisis et je n'ai pas cessé de pleurer la mort du duc et de la duchesse.

— Parlez ! parlez ! dit Bérangère.

La figure de la charcutière exprimait une vague inquiétude.

— Ma foi, dit-elle, je n'ai pas bonne mémoire. Depuis ce temps-là je me suis mariée, j'ai mis au monde un enfant, j'ai changé de condition, mon commerce m'absorbe. Savez-vous, madame, que mon mari tue deux cochons tous les matins ?

— Oh ! dit Bérangère avec déférence, nous savons que vous êtes la première charcutière du monde.

— La première c'est beaucoup dire, murmura Sophie Rossler, mais nos jambons sont maintenant plus renommés que ceux de toute la confrérie de Mayence.

— Je n'en doute pas, reprit Bérangère. Aussi, désormais, je ne veux plus manger de porc salé et fumé qu'il ne me vienne d'ici.

Et la folle Bérangère marmota les vers attendris de Charles Monselet sur les vertus du cochon !

IV

Récit de la charcutière

La charcutière n'était pas une pièce de résistance, elle fut touchée aux larmes des compliments de Bérangère, elle se décida à faire des aveux. Mais était-elle de bonne foi ?

— Madame, dit-elle à Violette, je vous dois toute la vérité puisque vous êtes la cousine de ce duc et de cette duchesse. J'avais juré de ne pas parler, mais on m'avait fait une promesse qu'on n'a pas tenue. Et puis vous verrez qu'il n'y a pas grand mal à cela. Tout le monde aurait fait comme moi.

Jamais spectateur devant une toile qui va se lever, jamais philosophe aux assises quand sonne l'heure de la rentrée de la Cour, jamais amoureux devant la femme aimée qui va parler n'ont écouté avec l'émotion violente qui bouleversait alors Violette.

La charcutière parla dans cet abominable charabia des Allemandes qui savent mal le français, mais avec une éloquence naturelle familière à beaucoup de femmes qui disent bien ce qu'elles ont vu.

— Voilà mesdames, ce qui s'est passé. Ce fut d'abord un brouhaha à ne pas s'entendre. Tout le monde venait comme à la comédie. Heureusement le médecin fit une harangue, il pria les curieux de retourner chacun chez soi, disant que c'était violer le respect dû au malheur. Il me fallut jouer des bras pour mettre à la porte les plus récalcitrants. Enfin me voilà seule avec les morts. Le médecin revint encore deux fois, une fois avec la femme de l'assassin. La pauvre femme, il paraît qu'elle était cause de tout, mais le bon Dieu l'avait déjà punie : elle avait la figure tout ensanglantée. On peut dire pour celle-là qu'elle versa des larmes de sang sur le duc de Parisis et cela faisait pitié de la voir...

La charcutière leva les mains comme pour chasser ce souvenir.

— Eh bien ! voyez-vous, madame, ce n'est qu'après qu'elle a été sortie de la chambre que j'ai vu que l'homme respirait encore.

— Que dites-vous là ! s'écria Violette toute à son espérance.

— Oh ! n'allons pas si vite ! Écoutez bien : Quand un pendu est accroché à un arbre, personne n'a l'idée de couper la corde, même s'il respire encore. Ici ç'a été la même bêtise, tout le monde disait : « Il est mort, elle est morte. » Le médecin lui-même s'est à peine contenté de toucher la main refroidie dans la main de la femme ; ils les a soulevés tous les deux sans les détacher l'un de l'autre, car c'était bien touchant de les voir ainsi. Il les a reposés à terre en disant : « Il faut les laisser là jusqu'à ce que la justice vienne, après quoi on les mettra chacun dans leur lit. » C'était une chambre à deux lits. J'ai eu peur, j'ai voulu appeler, mais le silence s'était fait autour de moi ; n'écoutant que mon cœur, je me suis agenouillée et j'ai détaché doucement le mari de sa femme pour lui soutenir la tête dans mes bras.

Ils avaient tous les deux les yeux ouverts ; j'avais bien plus peur encore, car il me semblait que la duchesse me regardait.

L'émotion de la charcutière avait été si profonde qu'elle s'essuya le front tout perlé de sueur, reprise au même sentiment d'effroi.

— Voyez-vous, madame, les Allemandes sont sensibles, ce n'est pas leur faute.

Bérangère passa en souriant son flacon de sels anglais devant les lèvres de la charcutière.

— C'est égal, je continue : Ce n'était plus un mort que j'avais dans les bras, c'était un vivant. J'entendis un soupir, on n'avait pas mis la main sur son cœur parce qu'il était tout ensanglanté, moi je sentis son cœur battre. Que faire ? Je n'osais remuer ni parler. Il me semblait que c'était un rêve qui allait s'évanouir. « Monsieur ! monsieur ! dis-je au mort, revenez à vous, madame n'est peut-être pas morte non plus. » Le duc n'était pas mort, mais il ne revenait pas à lui.

Violette prit la main de la charcutière.

— De grâce, madame, M. de Parisis est-il vivant ?

— Je n'en sais rien, madame.

— Comment, vous n'en savez rien ?

— Non, vous allez voir pourquoi. Je portai le duc sur un des deux lits et je courus aux secours. A peine dans l'escalier, je rencontre une étrangère arrivée la veille qui m'avait déjà beaucoup questionnée sur le duc de Parisis. Elle devait le connaître de vieille date.

— Une étrangère de Paris ? demanda Violette.

— Non, une étrangère de Suède ou de Norvége. On m'a dit depuis qu'elle était connue à Paris sous le nom de la STATUE, si je me souviens bien

— Ah! oui, dit Bérangère, je me la rappelle pour l'avoir vue une seule fois : blanche comme le marbre, une vraie figure à mettre sur un tombeau. Continuez, madame.

— Je priai cette dame de venir à mon aide, lui disant que je croyais que M. de Parisis vivait encore. — Et moi qui voulais le voir, me dit cette dame. Eh bien, venez tout de suite.

— Oui, oui, je vais avec vous, n'appelez personne, nous le sauverons bien à nous deux. Comme la chambre n'était éclairée que par deux bougies, l'étrangère ne vit pas à ses pieds la duchesse, elle trébucha dans son cadavre et faillit tomber sur elle.— La pauvre femme ! dit-elle avant d'aller au lit du duc. — Oui, lui dis-je, elle n'est peut-être pas morte non plus. — Nous la prîmes et nous la portâmes sur le lit. — Tant pis, dis-je, la justice n'est pas venue, on ne nous condamnera pas à mort pour cela. Mais ce n'était pas pour la duchesse que nous étions là. Aussi madame de Thorshawen, — c'était le nom donné par cette dame à l'hôtel, — prit tout de suite le duc dans ses bras en me disant : — Non, il n'est pas mort !

Elle avait un flacon qu'elle lui fit respirer. Jusque là la vie n'était plus qu'à son cœur, mais à cet instant je vis remuer ses paupières et ses lèvres. Madame de Thorshawen me demanda de l'eau et lui baigna le front. Le premier mot qui vint sur les lèvres du duc ce fut le nom de la duchesse. Madame de Thorshawen lui cachait cet affreux spectacle. Elle me dit d'aller chercher sa femme de chambre. Cette fille alluma du feu. On avait confiance en moi dans la maison, aucune armoire n'était fermée ; je pouvais donc prendre tout ce qu'il nous fallait. On commença par panser le duc. Le premier linge ce fut le mouchoir de madame de Thorshawen, mouchoir tout trempé de larmes. Nous n'espérions pas sauver le blessé qui n'avait encore pu dire qu'un seul mot, le nom de Geneviève.

La charcutière, de plus en plus en proie à ses souvenirs, retraçait tous les détails sans fatiguer Violette ni même Bérangère. Elle continua ainsi :

— Nous avions d'abord mouillé les lèvres du duc avec une orange. Voyez-vous, dis-je, il n'y faut pas aller par quatre chemins, un petit verre de kirsch, voilà qui lui donnera du cœur ! Par malheur il ne voulait pas boire. C'est égal, il en avala quelques gouttes malgré lui. « Voyez-vous, dis-je, comme le kirsch est souverain, c'est le sacré chien des Allemands. » Dès que M. de Parisis eut vu où il en était, il tourna la tête et regarda sa femme. « Laissez-moi mourir, murmura-t-il, ou faites revivre Geneviève. » Il nous regarda toutes les trois, il reconnut madame de Thorshawen. — Ève ! dit-il, c'est vous ! Par quel miracle êtes-vous là ? — Oui, répondit-elle, un miracle, puisque je veux vous sauver. — C'est impossible, je suis frappé en pleine poitrine ; d'ailleurs je veux mourir. Mais madame de Thorshawen, qui n'était pas bête, lui dit alors ! — Quoi ? vous ne punirez pas ce monstre ! Quoi, vous ne vengerez pas votre Geneviève ! Ah ! par exemple cela lui fit l'effet d'un verre de kirsch. L'idée de vengeance le ranima.

— Oui, je vengerai Geneviève, dit-il. Mais, hélas ! presque au même instant le pauvre homme retombait évanoui. — Cette fois il est mort, dis-je. — Chut ! murmura l'étrangère qui avait la main sur son cœur.

Sophie Rossler s'interrompit par cette question saugrenue :

— Voulez-vous prendre quelque chose, mesdames ? Moi je crois que je vais me trouver mal. Un petit verre de kirsch, n'est-ce pas ?

— Avec grand plaisir, dit Bérangère, je ne me sens pas bien non plus.

— N'est-ce pas, madame ? Vous ne vous figurez pas comme toute cette histoire m'a désorientée : j'ai cru que j'en deviendrais folle.

La charcutière versa du kirsch dans des verres à vin du Rhin, comme une femme qui ne fait pas la petite bouche.

— Voyez-vous, dit-elle se léchant les lèvres en vraie femme d'ordre, pendant deux heures nous ne savions pas si M. de Parisis en reviendrait. Nous avions fini, moi et la femme de chambre, par nous endormir devant la cheminée pendant que madame de Thorshawen le veillait comme une sœur. J'entendais le duc lui dire qu'il ne voulait pas survivre à Geneviève. Selon lui, il n'oserait jamais reparaître dans le monde sans sa femme. — Eh bien ! lui dit tout à coup madame de Thorshawen, vous viendrez avec moi en Norvége, vous oublierez la France, vous n'emporterez que le souvenir de votre femme. — On dira que j'ai fui lâchement, murmura M. le duc de Parisis. La jeune dame, qui était fort extravagante, lui proposa ce stratagème : laisser croire à tout le monde qu'il était mort. Il sourit et secoua la tête. — C'est bien simple, reprit madame de Thorshawen, je serai là quand on apportera les deux cercueils ; je dirai que je suis de votre famille, je demanderai la grâce de vous mettre dans la bière, on la fermera sur votre linceul. Mais il faut commencer par vous laisser emporter dans mon appartement. Moi, j'écoutais tout cela avec la plus vive curiosité. Le duc souriait d'un air de doute. Et toujours il s'indignait de vivre ! Et toujours il voulait mourir ! C'est égal, on a beau vouloir mourir, on tient à la vie, même dans les moments de désespoir. Sans madame de Thorshawen, je n'aurais pas sauvé M. de Parisis, mais voyez-vous, elle lui fit boire l'espérance comme on fait boire un cordial. Il se laissa prendre à cette idée d'aller vivre avec elle dans un monde inconnu. Il en avait assez de la vie qu'il avait menée jusque-là. Le jour allait venir quand il se décida à se laisser emporter dans l'appartement de madame de Thorshawen. Oh ! pour cette fois, j'ai cru que c'en était fait. Nous le prenions dans nos bras, mais il voulut embrasser sa femme. Ah ! quel spectacle ! Nous pleurions toutes. Si je n'étais pas si robuste il serait encore là sur ce lit ensanglanté où dormait pour toujours la pauvre femme. Enfin le duc fut emporté par moi bon gré mal gré. Ce fut sur le lit de madame de Thorshawen que nous l'avons mis ; il n'avait plus que le souffle, mais à ce moment-là il voulait vivre. Ce n'était que le commencement. Comment faire si la justice venait pour constater la mort? Et si on amenait ce monstre de M. de Fontaneilles pour la confrontation? Et puis, quand il s'agirait de mettre le mari et la femme chacun dans sa bière? Tout cela me paraissait impossible, j'avais peur qu'on nous jetât toutes les trois en prison. Détourner un mort! Après cela, c'était un vivant. Mais s'il allait mourir de l'autre côté! J'en perdais la tête. — Fiez-vous à moi, disait madame de Thorshawen. En effet, c'était une fière femme. Le duc s'était endormi. Elle me recommanda de veiller chez la duchesse pendant que la femme de chambre veillait le duc. Naturellement nous ne devions laisser entrer personne hormis le maître de la maison, qu'elle était sûre de conquérir. L'argent est un grand maître, comme on dit. La voilà qui s'en va chez le médecin, qui lui demande une déclaration sur la mort du duc et de la duchesse. Avec cette déclaration, elle court chez le gouverneur. Le gouverneur appelle le juge. Elle montre la déclaration. Sur ses prières, il n'y aura pas de descente de justice, elle prouve que c'est inutile. Elle demande l'autorisation d'enlever les chers morts, elle fait comprendre que, ne pouvant les embaumer, il n'y a pas une heure à perdre. D'ailleurs c'est un spectacle trop douloureux pour une ville de plaisir, il faut qu'on croie que déjà les deux cercueils sont partis. Le gouverneur dit qu'elle a raison, c'est l'opinion de M. Briguiboul, le directeur des jeux, qui vient demander l'autorisation de démentir, dans le journal d'Ems, ce drame épouvantable qui va éloigner les joueurs pendant quarante-huit heures. Le gouverneur trouve tout cela bien naturel, il signe l'autorisation d'enlever à l'heure même le duc et la duchesse de Parisis. Si bien que dès que les deux cercueils furent arrivés de Coblentz, ils furent bientôt ouverts et refermés. Le duc disait : « Je veux revoir Geneviève. » Mais, lorsque trompant la surveillance de madame de Thorshawen, il se traîna dans la chambre mortuaire, les deux cercueils étaient déjà dans la voiture.

Violette regardait Sophie Rossler comme si elle rêvait toujours.

— Voyez-vous, madame, tout s'est bien passé. Ce que c'est que la volonté d'une femme ! C'était vouloir décrocher la lune. Songez donc ! tout le monde voulait y être pour voir ensevelir le duc et la duchesse. Mais halte-là ! je déclarai que la famille voulait que les portes fussent fermées. Par exemple, il y avait là deux amis du duc qui n'entendaient pas raison, un monsieur Monjoyeux, surtout, qui me dit qu'il ne permettrait pas à un autre d'ensevelir son ami Octave. Comment faire ? Je savais qu'il devait le conduire jusqu'à son château avec le prince Bleu, un homme bien connu à Ems, car il y revient tous les ans. Dans ces moments-là on a du génie. Je dis à monsieur Monjoyeux que nous allions avec mon amie laver les blessures des morts, après quoi nous l'appellerions. Je le vois toujours se promenant devant l'hôtel avec impatience. Pas un moment à perdre. Nous couchons la duchesse dans son cercueil. Pauvre femme ! elle souriait. Un ange ! Il m'a semblé que c'était quelqu'un du ciel que j'embrassais. Quelle blancheur triste ! Je ne comprends pas qu'on aime l'ivoire : c'est la vraie couleur de la mort. Enfin le dernier voile fut mis sur cette belle figure. Pour ce qui est de l'autre cercueil, ce fut bientôt fait : trois oreillers, trois paires de draps. Nous avions imité la forme d'un corps pour tromper celui qui venait souder le plomb. Du reste, cet homme ne regardait pas de si près. Vite! vite! vite! lui dis-je, vous serez bien payé. Il me fit une drôle de réponse, en me disant qu'il ne pouvait pas aller plus vite que les violons. Cela dura une grande demi-heure. J'étais sur les épines. J'avais toujours peur que ce M. Monjoyeux, qui voulait serrer la main de son ami, ne découvrît le secret. Enfin! quand il remonta, le cercueil était cloué. Il se contenta de baiser le velours et de poser la main dessus, comme s'il sentait le cœur de son ami. Un brave homme, ce M. Monjoyeux! Le prince Bleu pleurait comme un enfant. Quelques minutes après, tout le monde était parti. J'allai jusqu'à la gare, où je fus très étonnée de voir trois ou quatre péronnelles embrasser ces messieurs avec des larmes, comme si elles avaient le droit de pleurer. « Si tu savais comme j'aimais Octave, » dit l'une d'elles, surnommée Fleur de Pêche. Je vous demande un peu si ce n'est pas un scandale !

La charcutière se tut.

— Eh bien ? demanda Bérangère comme pour l'interroger encore.

— Mais je n'en sais pas davantage.

— Comment, vous n'en savez pas davantage ?

— J'ai tout raconté.

— Vous n'avez raconté que le commencement. Et la fin ?

— La fin ce n'est pas mon affaire. Pendant quatre jours et quatre nuits, nous avons veillé M. de Parisis. Il voulait toujours mourir, il regrettait de n'avoir pas été du funèbre voyage avec Geneviève. Il lui semblait que tout son cœur était parti pour Parisis. Nous le cachions bien. Madame de Thorshawen dit à l'hôtelier que son frère était arrivé la nuit bien malade. Elle avait dîné la veille à table d'hôte, elle avertit que désormais elle dînerait dans sa chambre. Elle soignait le duc comme une vraie sœur. Quoiqu'il reprît quelques forces je ne pouvais croire qu'il en reviendrait, il avait perdu beaucoup de sang, il respirait à grand'-

peine, parce que la balle avait effleuré le poumon. Madame de Thorshawen avait voulu appeler le médecin, mais le duc jura qu'il arracherait son appareil si le médecin entrait. Selon lui il n'y avait rien à faire, le médecin ne le ferait pas vivre et ne l'empêcherait pas de mourir. Il disait sans cesse : « Si je croyais qu'on me crût vivant, je m'achèverais tout de suite. » Et ce n'était pas pour rire qu'il disait cela. La septième nuit, par le train de onze heures du soir, madame de Thorshawen partit avec lui et sa femme de chambre. Il fallut pour ainsi dire le porter dans la voiture. Je les ai accompagnés jusqu'à Coblentz, et madame de Thorshawen a été si généreuse que j'ai pu devenir ce que je suis.

Sophie Rössler dit ces dernières paroles avec un brave accent d'orgueil.

— Vous avez eu des nouvelles ? demanda Violette avec anxiété.

— Deux fois. Après quelques jours passés à Coblentz, on se hasarda jusqu'à Cologne. Mais à Cologne il fallut s'arrêter tout à fait. Six semaines après, la femme de chambre m'écrivit que M. de Parisis, — elle disait dans

sa lettre, le frère de madame de Thorshawen
— était au plus mal. On l'avait administré, le
poumon était atteint, les médecins déclaraient
qu'il ne pouvait survivre et qu'il n'était soutenu
que par la fièvre. Ils étaient descendus à
l'hôtel du Rhin. Quand je suis allée à Cologne
au bout de quelques mois, je voulus avoir des
nouvelles. Je croyais qu'on allait m'apprendre
que le duc était mort. Il n'est pas mort, me
dit-on, mais il n'en vaut pas mieux pour cela.
Madame de Thorshawen était, dit-on, partie
pour l'emmener dans le Midi, ce qui veut dire la
mort. A Ems, chaque fois qu'on dit : « Il faut
que ce malade-là parte pour Nice, pour Cannes,
ou pour Pise, » c'est que son jeu est joué.

Violette ne pouvait pas parler. Elle regardait
la charcutière comme si cette femme eût
sur ses lèvres sa vie ou sa mort.

— Et voilà tout ce que vous savez? demanda
Bérangère.

— Pas un mot de plus. Je sais seulement
que madame de Thorshawen, à qui j'ai écrit à
Cologne que je me mariais, m'avait écrit
qu'elle m'enverrait un cadeau pour mon premier
enfant. Il y a six mois que je suis ac-

couchée et rien n'est venu du Nord ni du Midi. Voilà pourquoi je me crois dégagée de ma parole.

— Je vous remercie d'avoir parlé, dit Violette.

— D'ailleurs, pourquoi n'aurais-je pas parlé, puisque vous êtes de sa famille ?

Violette se demandait qu'elle était cette comtesse de Thorshawen. Elle ne savait pas que c'était le nom de la Femme de Neige dont elle avait vu le portrait à l'*hôtel du Plaisir-Mesdames*.

— C'est bien étonnant, dit-elle, que le duc n'ait pas donné de ses nouvelles, s'il est vivant !

— Voyez-vous, Madame, c'est qu'il est mort.

— Mais, mort ou vivant, je veux savoir où il est !

Violette semblait se demander ce qu'elle allait faire.

— Puisque Monjoyeux est encore en Italie, dit Bérangère, il faut lui écrire d'aller à Pise et de revenir par Cannes.

— Oui, dit Violette en se levant avec une fébrile agitation, je vais envoyer une dépêche à Monjoyeux.

Et se tournant vers la charcutière.

— Je vous remercie, madame, de tout ce que vous avez fait pour mon cousin.

Elle prit dans son porte-monnaie cinq pièces de cent francs.

— Tenez, en attendant que madame de Thorshawen s'occupe de votre petite fille, achetez-lui des rubans.

— C'est étrange, dit tout bas Bérangère à Violette, cette femme parle avec abondance de cœur, mais on dirait aussi qu'elle conte un roman.

— Oh non! dit Violette, qui voulait croire à la résurrection de Parisis, c'est la vérité qui parle.

Elle aurait bien voulu questionner Monjoyeux et le prince Bleu, qui tous les deux avaient vu Octave et Geneviève dans leur lit de sang; mais ils étaient bien loin : Monjoyeux courait l'Italie et le prince Bleu (le comte de R.) était exilé dans une ambassade orientale avec le titre de premier secrétaire.

V

Où est le bonheur

Les deux amies montèrent en voiture pour aller en toute hâte au télégraphe. Bérangère avait reçu, avant son départ de Parisis, une lettre de Monjoyeux datée de Florence. Elle supposa que son mari y étudiait encore. Au bureau du télégraphe, Violette écrivit trois ou quatre dépêches plus folles les unes que les autres.

Bérangère prit la plume à son tour et écrivit ces dix lignes, sans s'inquiéter du style économique :

Monsieur Monjoyeux, à Florence, hôtel de la Paix.

Ce n'est pas de Charenton que nous vous

écrivons, c'est de Coblentz. Nous revenons d'Ems. Octave de Parisis n'est pas mort, on ne l'a pas trouvé dans son tombeau, il a survécu à ses blessures. Il se cache avec madame de Thorshawen. On le croit à Pise. Hâtez-vous de le retrouver. Réponse à Paris, où nous allons.

Bérangère.

Quand Violette et Bérangère arrivèrent à Paris, elles trouvèrent la réponse de Monjoyeux :

Folles ! folles ! folles ! Qui vous a fait de pareils contes ? Octave de Parisis est mort, sinon enterré. Si on ne l'a pas trouvé dans son tombeau, c'est qu'un héritier déshérité l'a jeté au diable.

Je pars moi-même pour Paris pour vous ramener à la raison.

Je vous embrasse toutes les deux, l'une portant l'autre.

Monjoyeux.

Trois jours après, Monjoyeux se moquait de sa femme et de Violette dans un petit dîner intime qui les réunissait depuis leur voyage.

— Vous ne voyez donc pas, leur disait-il, que la charcutière s'est amusée à vous faire des contes. Elle a vu deux folles, elle s'est mise à leur diapason.

Et il reparla de Parisis mort, bien mort, dans les bras de Geneviève, pour ne plus jamais se relever.

Il parla d'un air si convaincu que le doute reprit Violette et surtout Bérangère.

Et pourtant elle avouait elle-même que ce qu'elle avait vu au château de Parisis et ce qu'elle avait entendu à Coblentz lui troublait la raison.

— Eh bien, dit Monjoyeux, nous irons à Parisis et à Coblentz, mais reposons-nous quelques jours dans l'étude, dans le travail et dans l'amour, s'il en reste.

Il regardait Bérangère.

— Je n'ai jamais été si amoureuse, dit-elle en se penchant sur lui avec les félineries d'une chatte.

— Etes-vous assez heureux! dit Violette avec admiration.

Monjoyeux eut l'air de n'en pas douter,

mais Bérangère exprima par un sourire étrange que Monjoyeux ne faisait peut-être pas entièrement son bonheur.

— Dépêchez-vous de vous aimer pendant que vous êtes ensemble, reprit Violette en regardant avec un vif plaisir les caresses de Monjoyeux et de Bérangère.

Il paraît que Bérangère n'avait pas hâte d'aimer Monjoyeux, car le soir même elle dit au sculpteur qu'elle le quittait pendant une heure pour aller voir la chanoinesse.

Mais elle n'alla pas chez madame de La Chanterie.

Monjoyeux voulait la conduire lui-même.

— Non, lui dit-elle, je passerai chez une couturière, je ne veux pas te donner ce ridicule de te mettre de moitié dans mes chiffons.

Elle n'avait pas peur de lui donner un autre ridicule.

Elle sauta dans un fiacre et donna tout haut au cocher l'adresse de madame de La Chanterie. Mais dès qu'elle fut loin des oreilles de son mari, elle dit au cocher de la conduire rue de Lisbonne.

Pourquoi allait-elle rue de Lisbonne ? Il y

avait peut-être encore un prince par là. Il y a des femmes qui aiment les princes comme il y en a qui aiment les jeunes premiers.

— Ouf! dit-elle en étalant ses jupes dans le fiacre, j'ai enfin une heure de liberté! Comme il fallait que j'aimasse Violette pour l'avoir suivie ainsi en pèlerinage à la recherche d'un mort. Me voilà donc revenue dans mon cher Paris.

Pour beaucoup de femmes Paris c'est le tourbillon de la valse. Paris leur monte à la tête comme le café, comme le vin de Champagne, comme la musique.

La raison les tue, une graine de folie parisienne leur donne la vie.

Elles vivent avec emportement, mais cela coûte cher à tout le monde, au mari, aux enfants, à elles-mêmes.

Mais on s'enivre en attendant la carte à payer.

Monjoyeux fera tout à l'heure l'addition de sa lune de miel.

Bérangère

VI

Le drame dans l'atelier

Monjoyeux n'aimait pas les croissants. Il était tout justement en train de faire un buste de Molière, quand il découvrit que sa femme jouait le jeu de madame Molière avec les gens de cour.

Il eut un vif chagrin. Il sentit ce jour-là combien il aimait Bérangère; elle était entrée dans sa vie, il respirait par ses lèvres, il voyait par ses yeux. Il était féminisé par cette créature fantasque qui l'aimait comme un amant et qui aimait peut-être son rival comme son mari.

Comment Monjoyeux découvrit-il ce que

sa femme cachait si peu ? Tout en sculptant des œuvres sérieuses, il s'amusait aux statuettes. Il avait commencé à faire le portrait en pied de quelques comédiennes à la mode, car il lui restait toujours un arrière-goût du théâtre. Un jour que sa femme venait de sortir, il monta chez elle pour décrocher une robe pompadour d'une coupe savante. Tout en habillant le mannequin et en caressant les plis, il sentit une lettre qui s'ennuyait dans la poche.

Que pouvait faire là cette lettre ? Ne l'avait-on pas remise à sa femme un jour de bal ? Il la prit sans faire de façons et fut d'abord quelque peu surpris de voir qu'elle n'était pas décachetée. Il remarqua une couronne de duc, mais le blason n'était pas fermé.

— Pourquoi cette lettre et pourquoi n'est-elle pas lue ?

Il ne fut pas maître de ne pas briser le cachet. Or, voici ce qu'il lut, se croyant presque en plein roman.

Es-tu assez folle, ma chère Bérangère, de me compromettre ainsi ?

A ces deux premières lignes, Monjoyeux bondit.

— Le compromettre, lui ! Et elle ? Et moi ?

Monjoyeux continua :

Songe que notre bonheur doit être un secret absolu ! ma main gauche ne sait pas que ma main droite t'écrit. Ne t'ai-je pas dit cela ? le bonheur qui ne se cache pas n'est pas le bonheur, c'est un vin généreux dans une bouteille sans bouchon. Hier tu es venue à moi comme une folle, sous prétexte de me parler bas; tu ne m'as rien dit, mais j'ai senti tes lèvres. Ma sœur m'a dit ce matin qu'elle savait notre jeu. Si la duchesse avait les yeux de ma sœur, elle mourrait d'avoir vu. Et puis, toi même, n'as-tu donc rien à sauvegarder ?

Je ne sais comment t'envoyer cet avertissement, c'est le dernier. J'ai dit à ma sœur de veiller sur nous. Si nous ne devons pas cacher notre jeu, il faut que tout soit fini.

Puisque tu vas ce soir chez l'ambassadrice, j'essaierai de te glisser ce billet au passage. Il y aura tant de monde qu'on pourra se parler avec les mains sans être entendu.

Monjoyeux eut le courage de lire jusqu'au bout cette leçon d'un amant qui avait peur de sa femme.

Pour se prouver à lui-même qu'il était au-dessus des misères conjugales, il continua à modeler sa statuette, mais il souffrait cruellement ; le sang courait de son cœur à sa tête, de sa tête à son cœur. La vengeance s'imposait à son front. Toutes les belles scènes du théâtre lui revenaient dans l'esprit : le poison, le poignard, le dédain, la vengeance brutale, la vengeance raffinée. Il avait joué dans son atelier, quand il demeurait à Montmartre, le troisième acte de Lucrèce Borgia, à peu près comme le joue aujourd'hui Mélingue, comédien et sculpteur lui-même. Pourquoi ne s'amuserait-il pas à un duel terrible avec ce duc inconnu sous les yeux de sa femme ? On sait déjà quel artiste c'était, l'épée à la main : il pouvait jouer avec son rival comme l'hyène avec la colombe, comme le chat avec la souris.

Il en était là de ses rêves de vengeance, quand Bérangère entra bruyamment dans l'atelier. C'était le retour du bois. Elle se jeta à son cou.

— Ah ! mon Joyeux, comme cette promenade m'a ennuyée ! comme je suis heureuse de me retrouver là.

Elle vit sa robe pompadour.

— Tu vois, lui dit Monjoyeux, chassant les nuées de son front, je n'étais pas seul, une robe que tu as portée, c'est déjà toi.

— Comme tu es gentil !

Bérangère se jeta une seconde fois dans les bras de Monjoyeux.

Mais lui, tout à coup, il la regarda avec des yeux terribles. Un éclair venait de traverser son esprit.

— J'ai ma vengeance ! pensa-t-il.

Il alla donner un tour de clef et mit la clef dans sa poche.

— Tu m'aimes donc bien aujourd'hui ? lui dit-elle avec des yeux amoureux, comme s'il n'eût fermé la porte que pour mieux l'aimer.

— Oui, tu sais qu'entre nous c'est à la vie, à la mort.

— La mort ! il ne faut jamais prononcer ce mot-là. Pourquoi ne pas dire : c'est à la vie, à l'amour ?

Monjoyeux avait un encrier et une plume

sur une petite table dans l'atelier. Il trempa la plume dans l'encrier et il la présenta à sa femme.

— Que veux-tu donc que j'écrive ?

— Un mot, un seul mot !

— Un mot d'amour avec de l'encre ? Avec mon sang, si tu veux !

Monjoyeux regarda Bérangère en pensant que, puisqu'elle était si passionnée, c'est qu'elle l'avait trahi ce jour-là.

— Non, dit-il, ce n'est pas un mot d'amour.

Et il déploya la lettre du duc.

Une expression de surprise qui s'effaça sous une expression d'effroi traversa la figure de Bérangère.

Elle se rappela qu'elle avait oublié de lire la lettre du duc, elle regarda sa robe :

— Oh ! ma robe, tu m'as trahie !

— Vous voyez, madame, dit Monjoyeux en élevant la voix, que cet homme n'a pas mis son nom. Écrivez le nom de cet homme.

— Jamais ! dit Bérangère. D'ailleurs, je ne comprends rien.

— Oh ! oui, je connais ces manières-là, mais j'ai trop joué la comédie pour me laisser prendre. Vous n'avez pas lu la lettre, parce que vous savez ce qu'il y a dedans.

— Je vous jure que je n'en sais rien.

Bérangère dit cela avec un accent convaincu.

— Eh bien, lisez cette lettre.

Bérangère prit la lettre du duc et la lut lentement. Monjoyeux, qui était grand physionomiste, vit bien que tout en lisant elle cherchait une explication à lui donner.

— Signez-la donc ! lui dit-il, avec impatience.

— Mon ami, je vous réponds que je ne comprends rien à cette lettre. Qui donc vous l'a remise ?

— Qui donc ? c'est votre robe.

— Eh ! bien, mon ami, c'est une lettre qui se sera trompée de poche.

— Oh ! la fourberie des femmes, pensa Monjoyeux.

Une seconde fois il éleva la voix.

— Madame ! si vous étiez tombée à mes pieds épouvantée et repentante, vous seriez peut-être déjà dans mes bras. Mais vous jouez le jeu des coquines, je ne vous pardonnerai jamais ! Comment pouvez-vous me dire que cette lettre s'est trompée de poche quand j'y trouve votre nom. Ah ! cela coûtera cher à celui qui a écrit votre nom, madame ! Signez donc cette lettre.

— Jamais !

La plume tomba de la main de Bérangère.

Monjoyeux remarqua une tache d'encre sur la robe lilas que portait sa femme ce jour-là. Il sourit amèrement.

— Voyez, dit-il, c'est une autre accusation. Rien n'effacera cette tâche à votre robe.

Bérangère essaya de sourire.

— On dirait que j'entends parler la Barbe-Bleue.

— C'est le même mariage peut-être ; seulement ici c'est la femme qui a sept maris, un pour tous les jours de la semaine.

— Mon ami, vous êtes fou !

— Oui, madame, je suis fou !

Monjoyeux éclata en imprécations. Il foudroya Bérangère sous sa rude éloquence où l'homme de cœur se montrait plus que l'homme d'esprit. Il lui rappela que tous les deux s'étaient réfugiés dans le mariage comme dans la rédemption, ils avaient juré de vivre attachés à cet amour qui était leur devoir et qui était leur joie. Elle n'avait tenu compte ni de sa dignité à lui, ni de sa dignité à elle. Elle avait tout sacrifié à son insatiable fantaisie.

Bérangère pleurait, un instant elle crut encore au pardon ; mais Monjoyeux, emporté par une idée soudaine, monta dans sa chambre, tout entier à sa vengeance.

Éperdue et pétrifiée, elle attendit dans l'atelier, se demandant si elle devait fuir.

Monjoyeux revint presque aussitôt. Il referma la porte comme un homme qui va accomplir une grave action. Il était pâle, il semblait ne plus obéir à lui-même.

Il reprit ainsi la parole.

— Nous connaissons tous les deux, madame, ce poison attribué aux Borgia qui ne s'en sont peut-être jamais servi, puisqu'il est reconnu aujourd'hui que madame Lucrèce était une sainte femme et que son frère César frappait du poignard dans son amour du sang. Toujours est-il que le poison existe. Voyez plutôt : en voilà plus qu'il n'en faut pour nous tuer tous les deux. Mais comme je veux sculpter votre tombeau, ce qui sera ma dernière raillerie, vous mourrez avant moi.

Bérangère recula de deux pas, comme si elle pouvait échapper à son mari.

Monjoyeux versa la poudre dans un verre d'eau.

— Madame, vous m'avez trahi, vous avez tué mon cœur. Il ne me reste que deux vengeances, votre mort et la mort de votre amant. Vous m'avez vu jouer la comédie, mais je ne la joue plus. Tout ce que je vous dis est donc l'expression de la vérité : il faut que je tue votre amant.

Bérangère ne répondait pas. Ils se regardaient tous les deux, lui le bourreau, lui le vengeur, elle la coupable, elle la victime.

— Je ne veux pas assassiner votre amant, madame, je veux le tuer dans un duel. Il viendra ici, nous nous battrons dans cet atelier avec ces épées que vous voyez là. Vous serez présente pour juger les coups, il n'y aura point d'autre témoin que vous.

Bérangère reculait toujours.

— Madame, donnez-moi le nom de votre amant.

— Jamais ! dit-elle.

— Vous l'aimez donc ?

Elle ne répondit pas.

Monjoyeux prit le verre et marcha vers Bérangère.

— Buvez, madame.

Elle recula encore de deux pas.

Le soir avait rembruni l'atelier, tout s'y accentuait étrangement ; les marbres semblaient tour à tour s'animer ou prendre une physionomie sépulcrale.

Bérangère se jeta à genoux comme pour s'abriter par le piédestal d'une statue de la Pudeur.

— Ce n'est pas là votre autel, madame, ce n'est pas là que vous avez le droit de mourir.

Monjoyeux prit Bérangère par le bras et il l'entraîna par violence devant une Vénus.

— Buvez, madame !

Pour la seconde fois il lui présenta le verre.

Elle joignait les mains, elle demanda grâce.

Monjoyeux portait une chaîne de montre à deux bouts : dans une des poches de son gilet c'était sa montre, un bijou du siècle passé ; dans l'autre c'était un revolver, un bijou d'aujourd'hui.

—Buvez, madame! dit-il encore en montrant son revolver.

Bérangère, qui s'était humiliée jusque-là, se releva et reprit sa dignité.

— Vous me croyez lâche? dit-elle. Vous croyez que j'ai peur de la mort, vous croyez que je veux racheter ma vie en vous donnant le nom de mon amant? Frappez!

Elle montra son cœur.

Puis, tout à coup, comme si elle eût horreur du sang, elle saisit le verre et le vida d'un trait.

Elle avait la beauté héroïque.

— C'est bien, dit Monjoyeux, Dieu vous tiendra compte du courage. Je ne vous ai pas pardonné dans la vie, je vous pardonne dans la mort.

Bérangère pencha la tête et sembla songer au passé.

Voulait-elle, à l'heure suprême, dire un adieu à sa jeunesse ?

— J'ai aujourd'hui vingt-deux ans, dit-elle de sa belle voix.

VII

La vengeance du mari

Monjoyeux gardait un air cruel dans sa vengeance. Il ne perdait pas un instant de vue la jeune femme tour à tour résignée et désespérée, hautaine et suppliante.

— Je suis fier de votre courage, lui dit-il tout à coup. Aux portes de la mort, vous me direz peut-être la vérité : Pourquoi m'avez-vous épousé ?

Bérangère regarda Monjoyeux. Elle le trouva beau dans son air terrible et adouci. Elle vit bien que c'était la violence de son amour qui lui avait inspiré cette horrible vengeance. Au lieu d'éclater en imprécations, elle s'adoucit elle-même et lui répondit avec la simplicité du cœur :

— Je vous ai épousé, parce que je vous aimais.

— Tu m'aimais! Pour qui donc m'as-tu trahi?

— Tu ne connais donc pas les femmes comme moi!

Bérangère dit cela avec tout le charme de ses meilleurs moments.

Monjoyeux se laissa emporter par sa passion, il prit sa femme dans ses bras et l'appuya sur son cœur.

— Puisque je vais mourir, lui dit-elle, je puis bien te faire ma confession. Je n'ai aimé que toi, mais à certains jours, je suis prise de vertige. Il me semble que le mariage est une prison, ma liberté se révolte, je m'enfuis comme une folle. Où vais-je? Je n'ai plus la conscience de mes actions. Je veux me prouver à moi-même que je n'ai pas abdiqué sous le joug. Ah! si tu n'avais été que mon amant!

— Eh bien! je ne serai plus que ton amant! s'écria Monjoyeux. Tu as compris, n'est-ce pas que tu n'es pas empoisonnée?

Bérangère poussa un grand cri de joie et tomba évanouie.

Quand elle rouvrit les yeux, son mari, — son amant — lui dit :

— Ne me connaissais-tu pas assez pour savoir que Monjoyeux ne se venge pas sur une femme : — il n'y avait pas de poison dans le verre, — il n'y avait pas de balles dans le revolver..................

. . . .

Monjoyeux pardonna avec magnanimité : Bérangère lui fut conquise à jamais. Pas un mot de cette histoire ne dépassa l'atelier.

LIVRE II

PORTRAITS

DE

QUELQUES FEMMES A LA MODE

> *La plus subtile folie se fait de la plus subtile sagesse.*
> LA ROCHEFOUCAULD.

> *Le livre découvre tous les secrets :* Nox nocti judicat scientiam.
> VOLTAIRE.

> *D'être belle, n'est-ce pas tout! Que d'étages savamment superposés dans l'édifice de cette coiffure! Vue de face, c'est le portrait de la majestueuse Andromaque; vue de dos, elle semble rapetissée; mais passons-lui ce stratagème; c'est la taille d'un Pygmée quand elle ne se grandit point avec ses cothurnes. La voyez-vous se lever sur la pointe des pieds pour atteindre un baiser! De son mari? Elle pense bien à son mari. Elle vit avec lui comme avec un voisin.*
> JUVÉNAL.

Pas une femme, si elle a un collier d'or, n'a la pudeur de sa pauvreté; mais la plébéienne qui parcourt à pied nos rues pavées de noir silex ne vaut pas mieux que la matrone portée en litière par ses longs esclaves Syriens.
JUVÉNAL.

Il y a les verroux et les gardiens ; mais qui retiendra les verroux, et qui gardera les gardiens !
JUVÉNAL.

Une patricienne, sa couronne à la main, porte un défi aux plus savantes courtisanes et remporte les parures de la volupté ; mais elle est fière à son tour de s'avouer vaincue par une autre grande dame. C'est ainsi qu'elles gardent leur suprématie.
JUVÉNAL.

Plus redoutable que la guerre, le luxe nous submerge.
JUVÉNAL.

C'est à l'or que nous devons l'introduction de mœurs étrangères. La pauvreté conservait la chasteté des femmes romaines. Beaucoup de travail, peu de sommeil : elles filaient les laines grossières d'Étrurie ; mais depuis que les étrangers ont envahi les sept collines, elles vivent en étrangères dans Rome.
JUVÉNAL.

Ne souille point le ruisseau qui t'a désaltéré. Ne médis point de la femme qui t'a laissé prendre un baiser.
PYTHAGORE.

L'amour c'est l'argent des autres.
* * *

Portraits de quelques femmes.

I

IOLETTE ne désespérait pas de voir arriver un matin le duc de Parisis. Quoi qu'ait pu lui dire Monjoyeux, quoiqu'elle eût fini par douter de la bonne foi de Sophie Rossler, elle ne perdait pas toute idée de retrouver son cousin. Elle n'osait en parler, parce que tout le monde se moquait d'elle comme avait fait Monjoyeux. Bérangère elle-même lui disait que tout ce qu'elle avait vu et

tout ce qu'elle avait entendu, elle n'y croyait pas.

— Voyez-vous, ma chère Violette, nous avons subi toutes les deux je ne sais quel maléfice. Nous n'avons peut-être pas bien regardé dans le cercueil, et la charcutière de Coblentz, beaucoup moins bête qu'elle n'en a l'air, se sera amusée à nous donner des illusions pour que nous lui donnions de l'argent.

Violette songeait à retourner au château de Parisis, comme si elle dût y trouver la vérité, quand M. Rossignol, accompagné d'un notaire et d'un avocat, vint lui dire au Grand Hôtel qu'il avait fait signer une transaction par tous les héritiers et qu'elle pouvait entrer en possession de ce qui restait de la fortune des Parisis et des La Chastaigneraye. On avait fait, sur les conseils de Violette, une belle part à tout le monde, mais son lot se composait des choses qu'elle désirait : le château de Parisis et l'hôtel de Parisis avec un revenu de soixante-quinze mille francs.

Violette demanda à M. Rossignol s'il y avait de nouvelles nouvelles à Parisis et à La Roche-l'Épine. Aucune nouvelle à Parisis. A

La Roche-l'Épine, la grande femme légendaire qui était allée voir la jeune châtelaine mystérieuse, ne s'y était pas attardée longtemps. Au bout de trois ou quatre jours, elle avait repris le chemin de fer sans dire où elle allait, mais on savait que c'était pour revenir à Paris.

Violette exprima son mécontentement à M. Rossignol de son insouciance sur les choses les plus sérieuses. Elle ne s'expliquait pas comment il n'avait pu découvrir l'origine de cette étrange locataire, pourquoi elle était là, comment elle avait connu le duc de Parisis : mille autres questions qu'elle le condamnait à résoudre.

Elle lui dit qu'elle irait bientôt à Parisis.

M. Rossignol lui avait apporté un merle comme souvenir du pays et comme offrande sympathique. Chaque fois qu'elle était allée à Parisis, elle avait parlé du chant des merles, ce premier cri de gaieté que jette la nature.

Le merle ramena Violette aux idées rustiques ; elle pensa qu'il était meilleur de vivre avec les bêtes qu'avec les gens ; il lui sembla qu'elle devait retrouver la paix du cœur dans le cher et douloureux pays où elle avait vécu dans l'amitié de Geneviève de La Chastaigneraye et dans l'amour d'Octave de Parisis. Elle pensa à réhabiter le château de Pernand, peut-être même le château de Parisis. Oserait-elle ? Ne croirait-elle pas sans cesse voir apparaître la figure sanglante de son cousin et de sa cousine ?

— C'est la tombe, dit-elle; mais qu'importe! mon royaume n'est plus de ce monde.

En attendant — ainsi va l'esprit humain — il ne fallut plus la prier beaucoup pour qu'elle se décidât à prendre possession de l'hôtel de Parisis, dans l'avenue de l'Impératrice. C'était d'ailleurs une première station vers la vie rustique, car l'hôtel était bâti dans les arbres et possédait une petite basse-cour où l'on élevait des faisans dorés, des colombes, des poules russes et chinoises sans parler d'une volière d'oiseaux rarissimes.

Violette se garda bien de toucher au cabinet d'Octave; « ce cabinet de travail, » comme on disait, où il fumait, où l'on faisait des armes, où il donnait des ordres de Bourse, où il pachalisait avec les femmes.

Mais elle prit bravement sa chambre à coucher, y respirant encore avec joie et avec amertume les amoureux parfums du beau temps.

Monjoyeux et sa femme y passèrent avec elle la première nuit.

Elle promettait déjà à la chanoinesse et à madame de Montmartel d'y pendre la crémaillère. On attendait pour cela le retour d'Antonia, qui allait enfin être libre en vertu d'un jugement.

Le prince de Rio, le marquis de Villeroy, le vicomte de Miravault, tous les anciens familiers de l'hôtel Parisis, — il ne manquait guère que le prince Bleu, — vinrent à Violette et l'encouragèrent dans la bonne idée de vivre là désormais.

Pendant quelques jours ce fut une procession.

Tout le monde lui conseillait de se faire un salon. Elle ne voulait recevoir que ses rares amis. On lui fit remarquer que ses amis s'ennuieraient chez elle et n'y viendraient pas longtemps.

— Vous savez bien que je ne puis pas recevoir de femmes, dit-elle au prince Rio.

— Pourquoi? lui demanda-t-il.

— Parce que les femmes du monde ne viendront pas chez moi et que les femmes du demi-monde y viendront trop. Elles me prendront mes amis et elles feront trop de bruit autour de moi.

— Mais vous aurez des femmes du monde, dit le prince Rio. Vous êtes riche, vos festins seront exquis, vous paierez chez Worth quelques factures à ces dames, s'il le faut même vous irez avec elles chez Moïana. Rien n'est impossible à Paris aujourd'hui. Vous êtes de bonne maison, tentez l'aventure.

— Je vous dis que c'est impossible, il faut que tout le monde porte la peine de son péché, je suis condamnée à la solitude ou à la mauvaise compagnie.

Le prince Rio insista en disant à Violette que la mauvaise compagnie c'était le monde, que la bonne n'existait plus que dans l'île Saint-Louis.

Violette parla du faubourg Saint-Germain comme on parle de son pays natal, mais le prince Rio lui fit remarquer que le faubourg Saint-Germain n'existait plus.

— C'est une vieille légende ! Trois ou

quatre salons dépenaillés, trois ou quatre châteaux de Rawenswood, des Pénélopes qui tricotent des robes à l'Ennui, des linceuls au Souvenir. Le boulevard Saint-Germain a achevé le faubourg Saint-Germain, les derniers oiseaux chanteurs se sont envolés pour ne plus revenir.

Le prince Rio offrit à Violette de lui constituer un salon avec deux marquises italiennes, deux havanaises, deux quakeresses, deux comtesses françaises perdues et retrouvées, deux filles à marier, enfin tout le personnel des salons à la mode.

Les autres amis de Violette parlèrent comme le prince Rio.

— Eh bien! faites chez moi comme il vous plaira. Je ne demande qu'une chose, c'est que ma maison vous appelle et vous retienne.

Violette sembla réfléchir.

— Dites-moi, mon cher prince, puisque vous êtes le maître des cérémonies, je ne fais qu'une réserve.

— Laquelle ?

— C'est que toutes les femmes soient jolies.

— Jolies, j'en réponds; bien mieux, je mettrai

presque le doigt au feu pour leur vertu, quoique toutes les femmes que je vous présenterai soient du meilleur monde.

Mais ce fut bien plutôt la comtesse de Montmartel qui composa le salon de Violette. Messaline blonde, ce démon de l'esprit qui refusait — par paresse ou par dédain — de tremper ses lèvres dans la coupe des voluptés terrestres, continuait à se moquer de toutes les phrases indignées des journaux parlementaires qui s'imaginent qu'on peut voter la morale publique au corps Législatif. Elle était plus fière de rester pure sous les calomnies de l'opinion, que sa sœur, la marquise de Néers, n'était fière de garder une renommée sans tache avec le sentiment de ses défaillances.

En moins de quinze jours, le salon de Violette fut peuplé de femmes qu'on voit un peu partout, les romanesques, les charmeuses, les affolées, celles qui se croient trop belles pour s'enfermer dans le demi-jour conjugal. Si elles ne quittent pas leurs maris, c'est que le mari est un pavillon ou un paratonnerre.

Naturellement madame de Montmartel, qui ne doutait de rien et qui se moquait de tout, lui amena l'escadron des femmes à la mode.

On parla dans toutes les régions mondaines des réceptions princières de mademoiselle de Parisis. Les uns disaient : C'est la petite Violette. Les autres la défendaient haut et ferme. Nul après tout ne pouvait se dire son amant ; sans doute elle avait été la maîtresse de son cousin, mais cela s'est vu souvent dans les meilleures maisons sans qu'on ait pour cela mis la femme hors la loi. Et puis c'était déjà loin, on pardonne beaucoup et on oublie vite à Paris. La calomnie est si injuste qu'on fait la part du feu.

Violette était plus surprise que personne du flux de belles femmes qui monta jusque chez elle. Elle leur savait gré de venir s'amuser chez une pécheresse, elle multipliait les séductions. Ses dîners étaient exquis, ses causeries charmantes, ses caresses irrésistibles. Tout le monde la portait dans son cœur.

Il y a des femmes honnêtes qui croient toujours du mal des femmes. Quoique Violette ne fût pas irréprochable, elle pensait du bien de toutes les femmes. C'est que le péché chez elle était un accident, c'est que rien n'avait altéré son noble cœur, c'est qu'elle aimait la vertu comme un paradis d'où elle était chassée, mais dont il lui semblait que la porte se rouvrirait pour elle.

Elle croyait donc que toutes les femmes qui montaient son escalier étaient dignes de monter au ciel sans confession. Il fallut qu'un soir qu'on était en petit comité ses amis s'amusassà dénouer des masques pour lui faire voir la vérité. « Je voudrais toujours vous laisser vos illusions, lui dit le prince Rio, mais c'est irritant de voir que vous jugez toutes les femmes meilleures que vous. »

Et le prince Rio, et Monjoyeux, et Harken, et Villeroy, et d'Ayguesvives, et Miravault voulurent conter chacun l'histoire d'une des femmes qui venaient chez Violette, chez madame de Montmartel ou chez madame de La Chanterie.

Le romancier donnera ici-même ces histoires telles qu'elles ont été contées, sans y rien mettre et sans y rien omettre. Les romans qui se font tout seuls ne sont-ils pas plus saisissants que tous les jeux de l'imagination ? Quel feuilleton vaut la *Gazette des Tribunaux* ?

II

*Du danger d'avoir une maîtresse qui
ressemble à sa femme*

Le comte d'Azy-les-Bois, qui laissait ses bois en Touraine et qui se faisait appeler à Paris le comte d'Azy tout court, avait une femme et une maîtresse, comme il avait un château près d'Amboise et un hôtel à Paris.

L'amour lui aussi aime à changer de domicile, il aime mieux payer deux fois des contributions, courir les dangers des aventures et amonceler l'orage autour de lui, que de se confiner dans le *far niente* d'une seule passion. A Paris le comte aimait sa maîtresse, en Touraine il aimait sa femme.

Je me trompe, comme on aime toujours l'impossible, en Touraine il aimait sa maîtresse, parce que sa maîtresse n'était pas là ; à Paris il aimait sa femme parce que sa maîtresse l'exaspérait par ses caprices.

Ce n'était pas par recherche des contrastes qu'il avait pris une maîtresse trois ans après avoir pris une femme, car la maîtresse ressemblait à la femme : grandes, sveltes, blondes toutes les deux, avec les mille nuances qui séparent une femme d'une autre. On dirait que Dieu n'a jamais été content de son œuvre la plus parfaite — je ne ris pas — puisque pas une femme n'est le portrait de sa pareille. C'est que Dieu, qui est l'infini, a créé l'infini. Selon une vieille légende, Ève elle-même ne se ressemblait pas tous les jours. Chaque matin apportait des roses nouvelles sur ses joues, ses yeux couleur du ciel étaient plus clairs ou plus profonds, plus vagues ou plus lumineux selon le jeu des nuées, selon la transparence et la sérénité du firmament. Rien n'est un, rien n'est pareil, rien n'est fini : voilà pourquoi le plus grand des peintres, Léonard de Vinci, a toujours mis l'infini dans les yeux des femmes qu'il a peintes ; l'infini, l'image de Dieu, puisque c'est l'âme elle-même.

Madame la comtesse d'Azy-les-Bois n'avait pas été épousée pour son nom. C'était mademoiselle Dupont. Son père était armateur à Nantes ; elle avait apporté en dot beaucoup d'argent comptant, une demi-beauté, une pâleur héraldique et des mains douteuses, d'autant qu'elle avait la mauvaise habitude de manger ses ongles à ce point qu'elle les mangeait à travers ses gants.

Dans le château de son mari elle avait grand air, parce qu'elle régnait en souveraine sur ses gens ou sur ses invités tourangeaux. A Paris, dans son hôtel, car il avait été acheté en son nom pour faire remploi, elle ne régnait pas si impérieusement. Sa timidité naturelle lui revenait par bouffées et enchaînait sa grâce étudiée. Elle ne savait plus que faire de ses bras. Elle avait beau se donner des airs parisiens, la provinciale transperçait.

Mademoiselle Lina, au contraire, était toute Parisienne. Comment aurait-elle eu des airs de province, elle qui n'avait quitté Paris que pour aller à Bade ou à Monaco, deux pays qui sont du même diocèse ? Mademoiselle Lina avait appris à chanter au Conservatoire. C'était une de ces vagues artistes qui n'ont jamais d'engagements sérieux, qui comptent toujours sur un enrouement ou sur un enlèvement de mademoiselle Sasse, d'Adelina Patti, de mademoiselle Nilsson pour avoir leur tour. En attendant, elles chantent dans les concerts et dans le monde, où on ne les écoute pas.

Le comte d'Azy-les-Bois avait pourtant écouté mademoiselle Lina. Elle chantait chez la comtesse de Montmartel, il la regardait chanter, leurs yeux se rencontrèrent, elle chanta pour lui.. Il la complimenta, il lui jeta des fleurs de rhétorique, il lui donna le bras pour aller au buffet, il écornifla pour elle une mandarine et tout fut fini : je me trompe, tout fut commencé.

Le lendemain il alla continuer sa conversation chez elle. Six semaines après, — oui, madame, six semaines de vertu, — elle allait, avec ses chevaux à lui, écouter chanter les rossignols du bois de Boulogne.

Cela fit quelque tapage dans le monde. On s'offensa de voir un si jeune mari s'afficher avec une cantatrice inédite ; mais on s'habitue à tout : madame d'Azy elle-même, après avoir pleuré toutes ses larmes, se consola dans cette idée que puisque son mari prenait une maîtresse qui lui ressemblait, — car tout le monde le disait, — c'était pour l'aimer encore dans sa maîtresse. Et d'ailleurs il fut décidé cet hiver-là qu'on passerait huit mois au château.

Et maintenant que vous connaissez plus ou moins les personnages, étudiez le théâtre et la comédie :

Il y avait un bal masqué, — une redoute, — chez une femme célèbre qui habitait les confins du monde, à deux pas du demi-monde. Grâce aux dominos, on avait invité quelques princesses de théâtre, celles qui ont le droit de cité dans les salons, parce qu'elles chantent et qu'elles débitent des vers. La femme et la maîtresse étaient donc invitées du même coup.

Or le mari, il avait ses raisons pour cela, était aussi jaloux de sa maîtresse que de sa femme. Ici le point d'honneur, là le point d'amour.

Les deux femmes lui promirent de rester chez elles.

Mais toutes deux se dirent :

— S'il ne veut pas que j'aille à ce bal, c'est que l'autre y sera.

Et naturellement elles y allèrent toutes les deux.

La femme en domino rose, la maîtresse en domino bleu.

Elles étaient si bien encapuchonnées et le loup à barbe était si impénétrable, qu'il semblait impossible qu'on pût les reconnaître. La maîtresse avait mis sur ses cheveux blonds de la poudre de cristal, la femme avait semé de la poudre d'or sur les siens.

Le mari avait conduit sa femme, à onze heures, au bal d'un ministre.

A onze heures et demie, il était chez sa maîtresse qui dormait profondément et qui le suppliait de ne pas la réveiller, puisque le sommeil était sa seule consolation de ne pas aller au bal masqué.

A minuit, le mari, la femme et la maîtresse étaient dans le salon de la redoute.

Le comte d'Azy, qui avait bu coup sur coup,

pour être irrésistible, quatre coupes de vin de Champagne, ripostait gaiement aux attaques des dominos. Mais au moment où il parlait de beaucoup trop près à une femme peu masquée par les épaules, on lui marcha violemment sur le pied.

Il se retourna ; c'était le domino bleu.

— Madame, vous m'en rendrez raison !

— Vos armes, monsieur ?

— Au revolver, madame.

— Vos témoins, monsieur ; car je ne me bats pas sans témoins.

— Mon amour et ma haine, madame !

Une vague sépara les adversaires.

— C'est ta femme, dit un domino au comte.

— Ma femme ! s'écria-t-il d'un air dégagé ; elle m'attend au bal du ministre.

Mais le doute s'était emparé de l'esprit du comte. Il se sentit jaloux, il courut au domino bleu, qui était déjà bien loin.

— En effet, se disait-il, c'est peut-être ma femme. Ce domino bleu, c'est bien dans ses couleurs et dans ses idées.

Il retrouva la dame dans un petit salon, en

conversation presque criminelle avec un ambassadeur.

— Ma femme qui veut se venger ! pensa-t-il.

— Chut ! mon cher comte, dit le domino, on n'entre pas ici sans être annoncé ; je donne une audience, allez-vous-en.

Le comte était jaloux, donc il voyait mal et il entendait de travers ; il ne doutait plus que ce ne fût sa femme.

— Je prends mon bien où je le trouve, dit-il brutalement.

Et il se mit entre l'ambassadeur et le domino bleu.

— Monsieur ! dit l'ambassadeur, c'est une violation du droit des gens.

— Eh bien, monsieur, demandez vos passeports.

— C'est la guerre ?

— Oui, c'est la guerre.

Deux dominos, madame de Montmartel et la chanoinesse, vinrent à cet instant prendre chacun un bras de l'ambassadeur, comme s'ils eussent compris qu'il fallait le tirer de ce mauvais pas.

Le comte d'Azy-les-Bois se trouva donc

seul avec le domino bleu, qui commença par lui dire :

— Monsieur, c'est à moi que vous rendrez raison de cette brutalité. Je vous croyais plus de savoir-vivre.

— Madame, je vous avais défendu de venir ici.

— C'est pour cela que j'y suis venue, monsieur.

La dame se croyait reconnue : elle ne prenait plus la peine de se cacher.

— Eh bien, madame, sortons !

— Pourquoi faire ? Vous n'êtes donc jaloux que de moi, car l'autre est ici.

— L'autre ? s'écria le comte en frappant du pied. Qu'est-ce que cela veut dire ?

— Oh ! vous me comprenez bien. Après tout, je suis fière de votre jalousie, puisqu'elle me prouve que c'est moi seule que vous aimez.

— Vous le savez bien, dit le mari, croyant toujours parler à sa femme.

Lina se rapprocha du comte et lui pardonna presque de l'avoir interrompue dans ses coquetteries avec l'ambassadeur.

— C'est égal, mon cher, quand on prend, à tort ou à raison, une femme sous sa responsabilité, il faut veiller sur elle et ne pas être ridicule.

Le comte était touché de voir que sa femme ne voulait pas qu'il fût trahi par sa maîtresse.

— Je vous dis qu'elle n'est pas ici.

— Eh bien ! prenez mon bras, je vais vous conduire devant elle. Je ne suis pas fière, moi, mais j'ai le souci de votre dignité.

Et la maîtresse conduisit le mari devant la femme.

— C'était dans un petit salon Louis XVI, où se groupaient quelques amoureux, les uns debout, les autres assis.

Madame d'Azy était sur un canapé, se défendant, toute rieuse, mais pourtant tout émue des déclarations d'un secrétaire d'ambassade.

— Tu vois? dit le domino bleu, c'est toujours le même pays qui te fait la guerre; tu n'as qu'à bien te tenir.

— C'est vrai que c'est elle ! pensait le comte.

Mais, comme il était un peu gris, il eut peur d'y voir double.

Dès que madame d'Azy vit apparaître son mari, elle tressaillit et voulut se lever; mais elle se domina, et, pour se mieux cacher, elle se pencha amoureusement vers son adorateur.

— Eh bien! dit le domino bleu, es-tu convaincu que le domino rose se moque de toi?

— Ce n'est peut-être pas elle, dit le mari, qui ne voulait pas dévoiler son cœur.

— Allons donc! je la reconnais bien, si tu ne la reconnais pas.

Le comte était furieux. Mais on ne peut pas toujours prendre son bien où on le trouve. Il ne pouvait pas emmener du même coup sa femme et sa maîtresse.

— Tant pis, dit-il.

Et il se reprit :

— J'ai voulu dire tant mieux. Allons-nous-en.

— Allons-nous-en, dit le domino bleu.

Et les voilà partis.

Le mari, qui croyait aimer sa maîtresse plus que sa femme, ressentit un revenez-y vers la comtesse en montant dans son coupé.

— Eh bien! ma chère, lui dit-il en l'embrassant, je vais te faire ma confession. Je ne l'ai jamais aimée cette femme : tout mon cœur est à toi. Je ne veux plus la voir.

On ne s'était jamais si bien embrassé. Les plus beaux sentiments fleurissaient dans l'âme du mari. Il vivrait désormais pour sa femme. A quoi bon couper sa vie en deux ? N'avoir jamais sa vie à soi, parce qu'on a toujours la moitié de soi-même ailleurs, c'est le purgatoire.

— Tu es toujours un peu gris, dit Lina.

— Non, c'est l'ivresse de l'amour.

— Allons donc! je t'avoue que moi-même j'ai bu beaucoup de vin de Champagne. Je suis comme certains orateurs anglais : si le bouchon ne saute pas, mon esprit reste dans la cave.

Cependant, le coupé, tout retentissant de baisers, était arrivé devant l'hôtel d'Azy.

Lina ouvrait de grands yeux.

— Où me conduis-tu ?

— Tu es donc devenue aveugle ? Je te conduis chez moi, chez toi, chez nous !

La maîtresse crut comprendre que le mari voulait répudier sa femme et vivre au grand jour avec sa maîtresse. Elle l'aimait, elle était prête à tout.

Et puis elle vivait dans un monde où l'on n'a pas l'habitude de bien limiter le droit des gens.

— C'est égal, dit-elle, je ne croyais pas que je prendrais ce chemin-là.

— N'as-tu pas peur de te perdre?

Elle descendit de coupé et monta l'escalier de marbre de l'hôtel avec un frémissement d'orgueil.

Pour les femmes, la vie est une féerie perpétuelle; il n'y a que les bourgeoises qui s'étonnent de tout. Les femmes du beau monde, les comédiennes, les filles galantes ne s'étonnent de rien, parce que vivant sur les sommets, elles sont familières aux orages, aux précipices, aux ascensions.

Quand Lina fut dans la chambre de madame d'Azy, elle se tourna amoureusement vers le comte et lui dit :

— Non, dans ta chambre.

Il était arrivé plus d'une fois à la comtesse de surprendre la nuit son mari chez lui. Elle appelait cela ses escapades. Elle se trouvait plus heureuse en ces aventures bien innocentes que lorsque son mari, fût-il amoureux comme au premier jour, venait lui demander l'hospitalité.

Le comte ne fit donc pas de façons pour conduire Lina dans sa chambre.

Depuis qu'il était sorti du bal, il avait dit vingt fois au domino bleu :

— Dénoue donc ton masque.

Lina avait toujours refusé, disant qu'elle était si heureuse de ne pas se reconnaître et d'être embrassée à travers son loup, qu'elle ne se démasquerait que pour se coucher.

La vraie raison, c'est qu'elle avait pensé d'être dévisagée par les gens du comte.

Dès qu'elle fut dans la chambre du comte, elle s'approcha de la cheminée, dénoua son masque et se regarda pendant que son amant lisait les lettres apportées le soir. Elle se vit horrible, toute couperosée, le nez rouge, les yeux déteints, le front barbouillé. Elle se hâta de renouer son masque.

— Eh bien ! lui dit le comte, tu ne te déshabilles pas ?

— Tout de suite, lui dit-elle.

Et elle éteignit les bougies.

Le mari se coucha tout en disant que sa femme avait ce soir-là je ne sais quoi d'inaccoutumé dans la voix, dans les manières, dans l'esprit. Mais, puisqu'elle s'était déguisée, le masque avait tout envahi. Sans doute elle avait voulu cacher son cœur comme sa figure; d'ailleurs, depuis deux ans qu'il vivait avec ces deux femmes blondes, il lui arrivait souvent de dire à l'une ce qu'il disait à l'autre et de confondre celle-ci avec celle-là.

A force de regarder, on ne voit plus; la voix qu'on entend sans cesse n'a plus de timbre; les choses de la vie intime se jouent dans le vague. On ne voit bien ce qu'on fait que quand on change de rôle.

Le lendemain matin, ou plutôt le même jour, vers huit heures, par une brume épaisse qui empêchait le jour de poindre, on frappa à la porte de la chambre du comte. C'était son domestique qui venait l'avertir qu'un de ses amis, un zouave pontifical qui partait pour Rome, attendait des lettres de lui. M. d'Azy-les-Bois, encore dans les fumées du sommeil et du vin de Champagne, se leva doucement pour ne pas réveiller son camarade de lit. Le zouave pontifical l'emmena jusque chez un personnage qui devait le recommander directement au Saint-Père si le comte joignait sa prière à la sienne.

Voilà donc mademoiselle Lina toute seule dans le lit de son amant, en plein domicile conjugal.

Cependant, qu'était devenue la vraie femme ?

Elle ne s'était pas trop inquiétée de son mari. Dans l'ivresse d'une gaminerie de femme qui prend pour la première fois ses coudées franches, elle s'était bien quelque peu oubliée elle-même, sans toutefois franchir l'abîme. Elle avait trouvé doux de subir vaillamment mille adorations imprévues, qui se traduisaient par des paroles hardies et par des caresses impertinentes.

Elle s'avouait bien que c'était pécher un peu, mais ne voyait-elle pas autour d'elle d'autres femmes pécher beaucoup ?

Elle était rentrée chez elle sans bien savoir si son mari était resté au bal.

Qui fut bien étonnée ? Ce fut la femme de

chambre qui, quoique presque endormie, avait reconnu que monsieur n'était pas rentré seul. Elle voulut parler, elle trouva plus sage de se taire, ou plutôt de ne répondre que par monosyllabes aux questions de la comtesse.

— Mon mari est-il rentré ?
— Oui madame.
— Est-il venu dans ma chambre ?
— Non, madame.
— Est-il couché depuis longtemps ?
— Non, madame.
— Il ne vous a rien dit ?
— Non, madame.

La comtesse se coucha et dormit mal. Les figures du bal tourbillonnaient sous ses yeux ; elle était dans les flammes vives. Elle s'était si bien amusée, qu'elle se demandait où elle pourrait continuer cette fête. Les femmes sont nées bien plus encore pour le masque que pour l'éventail. Si elles sont laides, elles trompent leur monde ; si elles sont belles, elles font des surprises. Quelle volupté plus douce que de retourner la carte de sa beauté !

Tous les matins, le comte avait l'habitude de venir réveiller sa femme vers dix heures.

Il lui arrivait même de la réveiller pour lui demander sa part de sommeil : il y a des heures où on ne dort bien qu'à deux. Il arrivait çà et là à la comtesse d'aller réveiller son mari dans ses jours de mutinerie.

Ce matin-là, trouvant qu'elle avait bien mal dormi, elle s'en alla, les pieds blancs dans ses mules roses, vers la chambre de son mari. A la chemise près, c'était son seul habillement.

— Ce paresseux-là, se disait-elle, il va me payer toutes ses dettes !

Elle entra à pas de loup ; elle marcha vers le lit et reconnut dans le demi-jour la figure d'une femme.

Elle fut si effrayée, qu'elle s'enfuit.

Quelle était cette femme ? Par quel miracle se trouvait-elle là toute seule ?

Madame d'Azy-les-Bois se demanda si elle rêvait. Quoiqu'elle perdît la tête, elle eut pourtant la bonne pensée de donner un tour de clef en sortant et d'emporter la clef avec elle. Elle sonna sa femme de chambre et lui demanda qui est-ce que c'était que cette femme qu'elle venait de voir dans le lit de son mari.

— Je n'en parlais pas à madame, dit cette

fille, parce que je ne savais plus où j'en étais.

— Je suppose que mon mari est fou !

— Moi aussi, madame. Que voulez-vous, une nuit de bal masqué, on ne sait plus ce qu'on fait. Il aura pris une femme pour une autre.

— Pas un mot aux gens de la maison.

La comtesse ne s'était pas recouchée ; elle s'habillait en toute hâte.

— Je vais sortir. Je reviendrai bientôt. Si cette dame sonne, n'ouvrez pas. D'ailleurs, pour plus de sûreté, j'emporte la clef.

Et la voilà partie. Où allait-elle ? Elle sauta dans une citadine qui passait et elle se fit conduire chez son amie, madame de Montmartel, qu'elle trouva encore couchée, car e bal n'avait fini qu'à cinq heures.

— Quel miracle de te voir levée avant l'aurore !

— O belle paresseuse ! Il est onze heures. Je viens te conter ma mésaventure. Tu vas me dire comment une femme se venge.

— Que t'est-il donc arrivé ?

— L'abomination des abominations ! On n'a jamais ainsi humilié une femme. Figure-toi que ce matin j'entre dans la chambre de mon mari pour lui faire des mines et des grâces : croirais-tu que je trouve à sa place, sur son oreiller, une créature endormie, une fille quelconque ? Je n'ai pas bien regardé, j'ai fermé la porte. Tiens, voici la clef.

— Abomination des abominations ! Et ton mari ?

— Mon mari était sorti pour aller je ne sais où.

— Ce doit être un quiproquo.

— Un quiproquo ! Oh ! comme je vais me venger ! Dis-moi, que ferais-tu si tu tenais ainsi ta rivale ?

— Je lui ferais donner une sérénade et je l'inviterais à déjeuner. Vois-tu d'ici la mine que ferait cette fille ?

— Tu n'es pas sérieuse. Aussi, je voulais aller chez ta sœur.

— Ma sœur te conseillerait de la mettre à Saint-Lazare. Une autre te dirait qu'il faut l'asperger avec de l'eau-forte et lui couper les cheveux.

— Eh bien ! moi, dit tragiquement madame d'Azy-les-Bois, qui se rappelait un conte de

Balzac, je vais faire murer la porte et la fenêtre de cette chambre, qui deviendra ainsi le tombeau de cette fille. J'ai soif de vengeance. Je m'apercevais bien que depuis longtemps déjà mon mari ne venait plus me réveiller.

— Mais alors tu dois avoir de la reconnaissance envers cette fille. Ah ! ma chère, ce n'est pas moi qui empêcherais mon mari d'avoir une maîtresse ! Je lui en donnerais plutôt une seconde. Il faut que chacun fasse son métier. Où en serions-nous, si les hommes ne nous trompaient pas ? Il faudrait les subir à toute heure : ce serait le régime cellulaire à deux.

— Encore une fois, tu n'es pas sérieuse.

— Veux-tu un bon conseil ? Venge-toi sur lui et non sur elle. Prends un amoureux qui vienne dormir sur ton oreiller, si tu en trouves un assez brave pour cela.

— Non, j'aime encore mieux le premier conseil. C'est égal, je vais aller consulter ta sœur.

Madame d'Azy-les-Bois n'alla pas chez madame de Néers. Elle forgeait mille armes de vengeance. Quand elle rentra chez elle, elle n'était décidée à rien.

Le comte n'était pas encore revenu. Elle ne

s'expliquait pas son absence quand cette fille était dans son lit. Est-ce qu'il avait une affaire d'honneur? Comment n'avait-il pas congédié cette fille? C'était pour elle un casse-tête chinois.

— Madame va-t-elle se mettre à table? demanda le valet de chambre à la comtesse, car monsieur ne rentre pas.

— Est-ce que monsieur a dit qu'il ne rentrerait pas pour déjeuner?

— Non, madame; mais monsieur le comte est sorti avec un de ses amis, qui lui a dit qu'il ne partirait content pour Rome que s'ils buvaient ensemble ce matin une bouteille de vin du Rhin à la *Maison d'Or*.

La comtesse réfléchit un instant.

— Il l'a voulu, pensa-t-elle, le scandale sera pour lui.

Et s'adressant au valet de chambre :

— Mettez un couvert de plus, car je ne veux pas déjeuner seule.

Elle pensait qu'après tout madame de Montmartel lui avait donné un bon conseil. Elle se mit au piano dans le petit salon qui séparait sa chambre du comte.

— Je vais, dit-elle, réveiller doucement cette demoiselle par une sérénade.

Et elle joua avec une vigueur inaccoutumée la marche du *Tannhauser*. Avant de continuer par la marche de *Faust*, elle ordonna à sa femme de chambre, en lui donnant la clef, d'aller réveiller la demoiselle pour le déjeuner.

— Pour le déjeuner, madame ?

— Oui. Si elle vous questionne, vous direz que vous n'en savez pas davantage. Si elle se plaint de n'être pas en toilette de ville, vous direz qu'on déjeune ici en domino.

Quand la comtesse eut joué la marche de *Faust*, elle alla elle-même revêtir son domino.

La femme et la maîtresse firent leur entrée en même temps. Ce fut solennel.

— Je ne comprends pas, dit mademoiselle Lina.

— Ni moi non plus, dit la comtesse.

Et avec la grâce d'une maîtresse de maison :

— Asseyez-vous donc, mademoiselle.

— Après vous, madame.

Mademoiselle Lina demanda si le comte allait venir.

— Non, mademoiselle, mais si vous le permettez, je vous tiendrai compagnie.

Les deux femmes ne s'étaient jamais vues. Elles reconnurent qu'elles se ressemblaient beaucoup. Lina ne pouvait croire que ce fût la comtesse. La comtesse s'admirait dans son calme. Comment ne se jetait-elle pas sur cette fille pour l'égratigner? Comment n'appelait-elle pas tous ses gens pour la mettre à la porte? Comment n'éclatait-elle pas en injures? C'est qu'elle contenait sa colère, sa jalousie, sa vengeance. Elle s'amusait de l'embarras et de l'inquiétude de mademoiselle Lina, qui se demandait comment elle pourrait bien sortir de ce joli guet-apens. Elle ne pouvait s'enfuir en domino, sa voiture ne l'attendait pas à la porte. Elle s'humiliait avec rage sous le regard railleur de la comtesse.

Un troisième personnage vint compliquer et dénouer la situation. C'était le mari. S'il fut bien étonné, vous n'en doutez pas. Il eut bien envie de s'en aller.

— Monsieur, lui dit sa femme, nous vous attendions, vous voyez que votre couvert est mis.

M. d'Azy-les-Bois se mit courageusement à table en homme de ressources qu'il était.

— Monsieur, lui dit la comtesse, j'étais menacée de déjeuner seule, mais j'avais vu chez vous mademoiselle qui dormait sur votre oreiller, j'ai voulu remplir les devoirs de l'hospitalité. Voilà pourquoi elle déjeune avec moi.

— Vous faites bien les choses, dit le comte, en s'inclinant, on n'a pas plus d'esprit et d'à-propos.

Le comte venait d'apprendre qu'il s'était trompé toute la nuit. Il aurait bien pu le dire tout haut, mais il avait peur de sa maîtresse comme de sa femme. Il ne voulait pas sacrifier l'une à l'autre, ni celle-ci à celle-là. Il voyait mille pointes de vengeance dans le sourire travaillé de sa femme, il devinait que sous l'humiliation de sa maîtresse il y aurait des revanches terribles.

Il servit gravement à l'une et à l'autre une aile de perdreau en salmis, après quoi il leur versa à boire, mettant pour chacune autant d'eau que de vin.

— Je n'ai pas besoin d'eau dans mon vin, dit la comtesse.

— Ni moi non plus, dit mademoiselle Lina.

— Si vous me passiez du sel ? dit la comtesse.

Le mari voulut prendre la salière et la renversa.

— Allons, dit la comtesse, voilà qui va gâter la fête.

Elle prit une pincée de sel et la jeta autour d'elle, comme pour chasser l'esprit du mal.

Un grain de sel tomba dans l'œil de mademoiselle Lina qui brisa son verre.

— Maintenant, dit-elle, il n'y a plus rien à craindre, un verre brisé, cela porte bonheur.

Le comte était doux comme un agneau. Il prit la parole résolûment pour empêcher ces dames de dire des bêtises et de se jeter leur couteau à la figure :

— C'est amusant, ces bals masqués, on ne sait jamais où l'on va. Qui m'eût dit que je déjeunerais ce matin en si belle compagnie, entre deux femmes qui se ressemblent et que je rassemble comme par miracle. L'une est plus belle peut-être, mais l'autre est plus jolie. Voilà pourquoi cette nuit je me suis trompé de femme. On m'a dit : « Voilà ta femme qui passe. » C'était bien son allure, sa grâce merveilleuse, peut-être n'était-ce pas son grand air...

Le comte reçut un coup de pied sous la table. Ce coup de pied venait sans doute de mademoiselle Lina, puisque la comtesse le saluait d'un sourire, sourire ironique, il est vrai. Il continua :

— Que pouvais-je faire, sinon ce que j'ai fait? Enlever ma femme. Et pour la punir d'aller au bal masqué pour m'y surprendre, je l'ai incarcérée dans ma chambre.

Second coup de pied sous la table.

— Maintenant, il se trouve que ce n'était pas ma femme. Je ne suis pas doué de la seconde vue, mais quel mal y a-t-il à cela?

Autre coup de pied, cette fois venu du côté opposé.

— J'avais rencontré madame dans le monde, continua le comte en s'inclinant vers mademoiselle Lina. Je lui ai dit sans doute d'un ton impérieux qu'il fallait partir, elle a trouvé cela original, et, curieuse comme Ève, elle a voulu savoir jusqu'où irait ma méprise.

J'avoue que ma méprise est allée un peu loin.

Second coup de pied de madame d'Azy-les-Bois.

— Au fond, de quoi suis-je coupable? Du moment que je croyais avoir affaire à ma femme, j'étais un mari accompli.

Cet aveu dépouillé d'artifice ne fit plaisir ni à la femme ni à la maîtresse. La musique des nerfs était au crescendo, un coup d'archet de plus, la salle à manger éclatait. Aussi les deux femmes se levèrent en même temps, se disant toutes les deux :

Je me vengerai !

Elles n'eurent pas jusqu'au bout le courage et la dignité de la situation, elles se séparèrent en se foudroyant du regard.

Et voilà comment, le lendemain, le comte d'Azy-les-Bois n'avait plus ni sa femme ni sa maîtresse. La femme plaidait en séparation, la maîtresse se séparait sans plaider.

Les femmes qui plaident en séparation s'imaginent que c'est pour garder leur dignité d'épouse offensée; mais si elles ne prennent pas le voile pour pleurer les fautes de leur mari, elles descendent fatalement dans le demi-monde.

Madame d'Azy-les-Bois ne voulait pas prendre le voile. Aussi maintenant elle coudoie d'un peu plus près mademoiselle Lina. Elles se sont déjà rencontrées dans un bal américain, où il y a de tous les mondes, et — mademoiselle Lina a pu lui dire en dansant vis-à-vis d'elle : — Dans notre monde.

Par ce mot, mademoiselle Lina, en fille d'esprit, faisait la critique de ceux qui disent à tout propos : « Dans notre monde. » Est-ce que les autres sont de la lune ? Il n'y a que les gens de Bicêtre qui ont le droit de dire « notre monde, » parce que là au moins il y a un peu plus de sages que de fous.

Mais il faut le dire, Madame d'Azy-les-Bois n'a pas voulu s'aventurer longtemps dans les délices de la femme séparée. A peine au second chapitre du roman, elle a rebroussé chemin. Elle n'est pas retournée chez son mari, mais elle est entrée au couvent. Je vous dirai bientôt si c'est pour elle une station sérieuse.

III

La baronne de Malfontaine

Connaissez-vous madame la baronne de Malfontaine ? Si vous la connaissez, c'est que vous l'avez aimée ou peu s'en faut; si vous ne la connaissez pas, faites-vous présenter à elle, vous arriverez peut-être à sa chaumière et à son cœur.

Sa chaumière et son cœur, ceci mérite une petite explication.

La baronne est diablement sentimentale, mais si elle a foi dans la passion, ce n'est pas dans la passion une et indivisible. Elle habite trois ou quatre républiques idéales. Écoutez bien.

Elle dit que la vie est courte, elle veut la faire bonne. Elle mène trois ou quatre existences, voulant multiplier les dons de beauté, de charme et d'esprit, que lui a départis le ciel.

Sa beauté est un peu pointue, trop de nez et trop de menton, une main un peu longue, deux seins qui ne sortent jamais de chez eux, une ceinture toujours trop longue ; mais avec cela des yeux du diable, des dents gourmandes, une chevelure luxurieuse, un entrain d'enfer, se moquant de vous, mais se moquant d'elle, de la raillerie dans le sentiment. En un mot une fricassée toute parisienne des meilleures choses et des plus mauvaises.

Par exemple, elle est d'une discrétion absolue. Son petit doigt lui dit tout, mais elle ne confie pas à sa main droite les secrets de sa main gauche.

Voilà pourquoi elle a trois amants sans presque le savoir et sans qu'ils le sachent eux-mêmes. Quand je dis trois, je pourrais peut-être dire quatre. Elle n'en rougit pas, car elle croit qu'il y a en elle trois ou quatre femmes, elle n'est donc infidèle à aucun.

Voici d'ailleurs son procédé s'il y en a un :

A Paris, son appartement de la rue Laffitte était un terrain neutre où nul ne dominait. Elle y restait maîtresse d'elle-même. Mais elle avait :

1° Une petite maison à Enghien, un vrai nid de fauvette perdu dans un buisson. Une fois par semaine, hiver comme été, elle y recevait le duc d'Ayguesvives. Pour quoi faire ? Il y avait un piano, mais il ne jouait pas du piano. Il y avait une bibliothèque de romans, mais il ne lisait pas de romans. Il y avait une machine à coudre, mais quoiqu'il fût là filant aux pieds d'Omphale, il ne faisait pas de robes. Il aimait beaucoup cette retraite au bord de l'eau, mais il lui arrivait d'attendre quelquefois l'oublieuse baronne, qui se trompait de route ce jour-là.

2° Elle avait un chalet sur la lisière de la forêt de Chantilly où, çà et là, surtout au temps des courses, elle entraînait un de ses anciens amis de plus en plus rebelle aux passions, le vicomte d'Arcq, qui devient un véritable misanthrope.

3° Elle avait dans son pays natal, au voisinage d'Amboise, je ne veux pas dire le nom, une petite châtellenie ruinée où il restait tout juste debout un pied-à-terre des plus humbles, quoique l'extérieur eût encore un air seigneurial. Là, elle se retrouvait tous les ans, pendant la vendange, avec un gentilhomme campagnard, un ami d'enfance qui lui avait appris l'amour avant l'heure de l'école officielle.

Dans ce troisième refuge c'était l'amour rustique avec la saveur des bois et des vignes, une nouvelle édition de Daphnis et Chloé, — gravures du régent — après la lettre.

A Chantilly, c'était l'amour dans la haute vie, on s'était connu aux courses, on ne jurait que par Monseigneur, Sornette, Bigarreau, et on ne s'aimait qu'en voiture ou en cavalcade.

A Enghien, c'était la passion intime, l'amour pour l'amour, l'art pour l'art. On s'enfermait dans la petite maison, on oubliait le monde, on s'oubliait soi-même.

La femme rustique, la femme du turf, s'évanouissait sous la Parisienne pur sang qui prend un amant pour avoir un amant et non pour lui chanter des sérénades.

Je vous donne son bréviaire amoureux pour ce qu'il vaut.

IV

Histoire d'une fille perdue

Le capitaine de Roncières n'avait pas quitté l'Afrique depuis sa prise d'armes ; il y avait trouvé sa vraie patrie, car il n'était revenu en France que pour regretter l'Afrique. Il y a deux heures tristes dans la vie du soldat, l'heure de la retraite devant l'ennemi et l'heure de la retraite devant la vieillesse, cet autre ennemi plus implacable.

Le capitaine ne se consolait pas de ne plus porter l'épée. Il ne se consolait pas surtout de n'avoir pas d'argent ; il avait ramené sept enfants d'Alger sans compter la mère, une Africaine nonchalante qui n'avait jamais rien fait et qui, en France, restait toujours couchée, sous prétexte qu'elle avait froid, jusqu'au jour où elle mourut. — de froid.

Pour lui, il se donnait donc toutes les peines du monde pour nourrir ses filles, les habiller, les instruire et les amuser. Elles étaient nées curieuses, elles voulaient tout savoir : trop savoir, elles savaient déjà bien des choses que ne leur avait pas apprises leur père.

Je ne veux conter ici que l'histoire des deux premières : Judith et Rosa, belles créatures trop brunies peut-être, mais ayant toutes deux cet œil charmeur des Africaines, plus doux mille fois que l'œil azuré des Irlandaises.

M. de Roncières ne sachant que faire de ses filles, n'en faisait rien de bon ; Rosa pianotait un peu, Judith s'évertuait au dessin, mais elles espéraient bien que l'amour et le mariage leur permettraient de se croiser les bras.

Judith était la plus belle. Il y avait dans sa figure je ne sais quel ressouvenir du caractère assyrien. On eût voulu la voir habillée en Sémiramis. Cette belle figure appelait une couronne ; malheureusement les couronnes se trompent souvent de tête. Quoique habillée à la française, Judith gardait je ne sais quoi du style primitif, elle subissait la mode tout en la dominant.

On habitait, à Montmartre, la rue Myrrha. Le capitaine ne recevait guère que quelques vieux amis d'Afrique. Un jour pourtant, le fils d'un de ses camarades qui allait rejoindre son régiment à La Fère vint lui demander à dîner. C'était un jeune lieutenant d'artillerie qui relevait bien ses moustaches ; il se nommait Dugué, il parlait bien, il eut l'art de faire la cour à tout le monde, excepté à Judith.

Après le dîner, Rosa joua du piano, le père s'endormit, Dugué déclara à Judith qu'il était éperdûment amoureux d'elle. Elle lui demanda si c'était une moquerie. Il lui proposa de l'enlever pour lui prouver qu'il parlait sérieusement.

— Comment? lui dit-elle.

— C'est bien simple, je quitterai votre père vers onze heures, trouvez un prétexte pour sortir, je vous retrouve au bout de la rue, nous sautons en fiacre et fouette cocher !

Ce qui fut dit fut fait. Judith quitta la maison comme l'oiseau quitte son nid, sans s'inquiéter des larmes du père et de la mère.

Le lendemain on arriva à La Fère, Dugué follement amoureux de Judith, Judith plus amoureuse encore de Dugué.

Le capitaine de Roncières était aux abois ; il écrivit à Dugué :

Je fais appel à votre cœur. Par la mémoire de votre père, dites-moi la vérité. Ma fille a quitté la maison, est-elle avec vous ? Si elle est avec vous, vous êtes trop loyal pour ne pas l'épouser. Un mot, bien vite ! Je meurs de chagrin.

— Epouser Judith ! dit Dugué. Diable ! je n'avais pas songé à cela.

Il courut chez sa maîtresse qu'il avait mise dans une petite hôtellerie de La Fère.

— Ma chère Judith, votre père se fâche, il va arriver ici comme un foudre de guerre. Nous allons partir pour Reims où vous vous ennuierez moins qu'à La Fère ; c'est une ville de plaisir, vous irez au spectacle et vous y trouverez des amies.

Pourquoi ne pas aller à Reims quand on a été à La Fère ?

Dugué avait bien préjugé. M. de Roncières, malgré la réponse de Dugué, arriva à La Fère comme les amoureux venaient de s'envoler. Il attendit le lieutenant qui n'avait qu'une permission d'un jour.

— Ma fille ? lui dit-il, quand Dugué revint de Reims.

Le lieutenant jura ses grands dieux qu'il ne l'avait pas vue. Le pauvre père ne fut pas bien convaincu, mais il se résigna à revenir à Paris sans casser la tête à Dugué.

Or, que fit Judith à Reims ?

Un lieutenant d'artillerie qui n'a pas de fortune, ne peut pas donner quatre chevaux à une femme avec sa paie. Il fallut que Judith se contentât d'une petite chambre à l'hôtel de Champagne. Dugué lui promettait monts et merveilles pour l'avenir, il devait hériter d'une vieille tante ; il ne tarderait pas d'ailleurs à l'épouser.

Toutes ces promesses ne consolaient pas Judith. Elle ne s'était pas imaginé qu'elle quitterait la misère pour retrouver la misère. Dugué était plus souvent à La Fère qu'à Reims, elle passait de longs jours dans l'ennui de l'attente, elle était d'autant plus désolée qu'à chaque nouveau voyage Dugué paraissait moins amoureux. C'est qu'elle lui dépensait de l'argent et qu'il n'en avait pas.

Un jour qu'il était attendu, il ne vint pas. Le lendemain Judith reçut une petite lettre ambiguë, où il lui disait qu'il l'adorait, mais où il lui conseillait de retourner chez son père. Quand l'amour a vidé sa bourse, il devient moraliste.

Judith fut indignée, elle comprit bien que Dugué n'avait voulu qu'une aventure. C'était une lâcheté, car elle se croyait digne d'une de ces passions où l'on donne en sacrifice jusqu'à sa vie.

L'abandon tua l'amour en elle. Quelques jours après, Dugué vint frapper à sa porte; elle ouvrit, mais le reconnaissant, elle lui jeta la porte au visage. Il eut beau faire, elle n'ouvrit pas.

Il acheva de l'indigner en lui criant qu'il ne payerait pas les dettes de l'hôtellerie.

Il repartit pour La Fère, amoureux de Ju

dith pour la première fois, mais ne le sachant pas encore.

La jeune fille avait pour voisine à l'hôtellerie une femme de mauvaise vie qui cherchait un cortége de Phrynés pour courir les eaux d'Allemagne, figures inédites qui font retourner les chercheurs. Cette femme avait passé par Reims pour y prendre une de ses jeunes amies qui s'attardait trop dans une cave champenoise. Il ne lui fallut pas écouter beaucoup aux portes pour connaître l'histoire de Judith. Elle alla à elle :

— Mademoiselle, c'est bien, ce que vous avez fait là ; une femme comme vous doit parler aux hommes du haut de son dédain. Je pars pour Bade et pour Ems. Venez avec moi; je vous apprendrai le triomphe de la beauté.

Et la dame regardait avec admiration la figure de Judith !

La jeune fille ne comprenait pas bien, quoiqu'elle eût fait bon marché de sa vertu, croyant que l'amour était le souverain bien. Elle se révolta aux propositions de cette aventurière. Mais elle se révolta doucement. D'ailleurs, cette femme fut si caressante dans ses discours, elle eut si bien l'art de verser le poison dans une coupe d'or, que Judith finit par prendre la coupe.

Le lendemain elle partait pour Bade en compagnie de la dame et d'une fille galante égarée à Reims. Elles allèrent coucher à Epernay, où elles trouvèrent déjà joyeuse compagnie : deux jolis crevés et deux demoiselles des Bouffes-Parisiens qui allaient jouer leurs rôles sur la rive droite du Rhin.

On soupa gaiement. Judith n'avait pas un goût bien prononcé pour l'habit militaire : elle trouva que les crevés de bonne maison valent bien les officiers d'artillerie. Quand elle arriva à Bade — ô mœurs des voyages ! — elle était la maîtresse du crevé numéro un, M. Arthur de Malval. Il allait à Bade pour faire sauter la banque : ce fut par les belles mains de mademoiselle Judith Roncières que la banque sauta.

Vous voyez d'ici toutes les joies de cet amour doré. Ce ne furent que festins et astragales.

Par malheur, les jours se suivent et ne se ressemblent pas. Au bout de huit jours, le crevé était mort dans la personne de son argent. Il abandonna à son tour Judith, mais du moins cette fois elle n'eut pas à payer l'hôtellerie; il lui resta des robes et des bijoux; elle arriva même à se refaire un petit capital de vingt-cinq louis en revendant à moitié prix les porcelaines de Saxe et les cristalleries de Bohême que M. Arthur de Malval lui avait offertes un jour d'expansion. Que fit-elle de ses vingt-cinq louis ? Elle pouvait les jouer et tenter la fortune; mais maintenant qu'elle avait des robes, n'avait-elle pas fait fortune ? Elle envoya les cinq cents francs à sa sœur Rosa, avec une petite lettre bien tendre où elle lui conseillait de venir la trouver à l'hôtel Victoria.

Judith, tout enivrée des féeries de Bade, trouvait que c'était l'idéal de la vie sur la terre; les grandes vertus de la dignité, de l'abnégation et du sacrifice ne parlaient plus à son cœur; elle jugeait que c'était une bonne action d'arracher Rosa, qui était si jolie, aux douloureux devoirs de la famille pauvre.

Rosa reçut la lettre par une de leurs amies du voisinage, une jeune musicienne du Conservatoire.

— Que ferais-tu ? demanda Rosa à cette jeune fille.

— J'irais, répondit-elle.

— Tu irais ! Eh bien ! partons toutes les deux.

Et elles partirent. Ce fut une vraie fête à leur arrivée. Judith était la maîtresse du crevé numéro deux, M. Edmond du Cloître, qui par ses manières prodigues se donnait les airs d'un bon gentilhomme ; aussi ne le chicanait-on pas sur sa manière d'écrire son nom, car son père écrivait Ducloître.

Judith prit un vrai plaisir à habiller Rosa avec ses robes. Ce fut une métamorphose d'Ovide : enchantements sur enchantements. On habilla aussi la musicienne, quoique on doutât fort de ses succès : elle n'était rien moins que jolie, mais enfin la jeunesse a toujours sa saveur.

Toutes ces sorcelleries de l'amour ne durèrent qu'un temps. Il y a des jours où Bade se croit une ville de mœurs. On s'amusait trop la nuit à l'hôtel Victoria ; pendant le souper, les femmes se montraient demi-nues aux fenêtres. Une nuit on fit une razzia, on accorda vingt-quatre heures aux amoureuses pour aller souper ailleurs.

Ce fut une désolation, ce fut un désastre. Les crevés ne sont pas chevaleresques de leur nature, ils aiment les femmes au jour le jour, sans s'inquiéter de leurs misères futures.

Celle qu'on appelait la « présidente » eut peur d'être exilée pareillement d'Ems ; elle avait déjà eu maille à partir avec la justice à Wiesbade et à Hombourg. Ses odalisques ne voulaient pas retourner à Paris.

— Eh bien, dit-elle, voyageons en Allemagne.

Elle s'imaginait que Berlin est une ville hospitalière aux plaisirs, mais à peine en route on lui dit que M. de Bismark aimait mieux une province qu'une femme. Elle courait grand risque d'être fort mal vue dans la capitale du roi de Prusse.

Elle se décida à partir pour Vienne, le pays par excellence des aventures galantes ; du moins elle croyait cela.

Mais tous les Viennois riches étaient dans leurs châteaux sur le Rhin, ou à Paris. Ce fut une désolation terrible, car l'argent manqua bientôt. Que faire ? Je n'ose dire ce qui se passa. On se ravitailla dans la déroute, mais à quelles conditions !

Voilà comment en un mois Judith et Rosa, je ne parle pas de leur amie, étaient devenues des filles de joie pour avoir voulu être des filles de plaisir.

Cependant, après des pérégrinations trop aventureuses, les deux filles du capitaine Roncières reparurent à Paris, décidées à s'agenouiller sous les malédictions de leur père, à obtenir leur grâce à force de larmes. Elles étaient nées peut-être pour faire des amoureuses, mais non pour faire des courtisanes. Elles avaient fini par se réveiller l'une l'autre, par se rappeler la vie de famille, par espérer leur rédemption.

En descendant un matin à la gare du Nord, elles ne furent pas peu surprises de rencontrer une de leurs tantes qui avait pris le train à Chantilly.

— Judith ! Rosa !

Elles se jetèrent du même coup dans les bras de leur tante.

— Oh ! ma tante, dit Rosa, quelle bonne

fortune de te trouver là! Il faut que tu viennes avec nous chez mon père.

Naturellement la tante savait toute l'histoire de la fuite.

— Mes pauvres enfants, qu'êtes-vous devenues?

— Oh! ma tante! tous les chagrins, dit Rosa.

— Chut! dit Judith à l'oreille de Rosa tout en la séparant de la tante, je vais lui débiter un roman.

Elle raconta à la bonne femme que, sous la promesse de mariage de deux hommes « très bien, » elles n'avaient quitté leur père que pour entrer au couvent.

— Hélas! pensa Judith, on appelle cela aussi un couvent.

Le pauvre capitaine, qui adorait ses filles, pardonna silencieusement. Les bons sentiments refleurirent en elles. Judith se promit d'être l'Antigone du vieillard; Rosa se jura que si jamais elle le quittait ce serait pour aller pleurer dans un vrai couvent.

Mais quand on a pris la clef des champs, on ne s'emprisonne pas si volontiers sous les sombres arcades du devoir. La vertu porte avec elle des joies divines qui consolent des peines terrestres. La vertu donne la force de l'abnégation et du sacrifice; mais quand on a piétiné sur sa dignité, on n'a plus le courage de marcher dans le bon chemin.

Aussi, à peine rentrées depuis quelques semaines sous le toit protecteur, ces deux jolies extravagantes cherchaient déjà d'autres aventures. Mais maintenant qu'elles avaient l'expérience, elles ne se voulaient hasarder qu'à bon escient.

Elles étaient plus jolies que jamais. Elles ne passaient pas une fois sur les boulevards sans faire une révolution non pas seulement par l'excentricité de leur ajustement, mais parce qu'elles avaient une beauté provoquante, quoi qu'elles fissent pour tempérer le feu de leur regard. En prenant des airs penchés et en détournant les yeux chastement, elles croyaient cacher leurs folies à l'étranger.

Qui donc pourrait les accuser ? Qui donc les reconnaîtrait ?

Les femmes qui n'éprouvent pas un profond repentir croient aisément que tout s'efface. Judith et Rosa avaient péché si loin de Paris !

— Pourtant, disait Judith quand Rosa lui parlait de Vienne, prenons garde, notre figure était bien connue à Bade.

— Oh! il y a plusieurs feuilles au bois qui se ressemblent.

— Oui, dit Judith qui aimait à rire, il y a plusieurs filles au Bois qui se ressemblent.

Un jour elles prirent une jolie victoria et s'aventurèrent au Bois; ce fut un point d'admiration sur toute la ligne. Qu'était-ce que ces deux beautés? Des filles du monde ou du demi-monde? On ne les avait jamais vues. Quelques hommes à la mode essayèrent de les saluer, mais elles se renfermèrent dans leur dignité. On jugea que c'étaient des étrangères; dès le premier jour elles ne furent pas confondues avec les dames du Lac.

Quoiqu'elles eussent peu d'argent, elles se payèrent toutes les semaines une promenade au Bois. Elles avaient avisé dans leur voisinage un loueur de voitures qui, pour un louis, leur donnait quatre heures de royauté à travers Paris.

Naturellement elles choisirent le jour à la mode, le vendredi.

A Paris, l'inconnu a une grande force. On avait beau questionner, on ne découvrait ni le nom ni la demeure des filles du capitaine. Qui pouvait s'imaginer que deux créatures si belles étaient logées à Montmartre et qu'elles vivaient dans un si modeste intérieur?

On fit toutes les tentatives, mais elles étaient décidées à ne plus se laisser prendre que par le mariage. Elles résistèrent à toutes les œillades, aux bouquets et aux billets jetés à la nuit tombante dans la victoria, aux poursuites les plus intrépides. Elles voulaient bien se laisser suivre jusqu'au parc Monceaux, ou jusqu'au boulevard Montmartre, quand elles rentraient par Paris, mais nul ne put les suivre jusqu'à Montmartre. Vainement on donnait des pourboires au cocher qui les acceptait, mais qui ne trahissait pas les jeunes filles, parce qu'elles-mêmes lui donnaient chacune cent sous tous les vendredis.

On n'a peut-être pas oublié que tout Paris parla pendant huit jours de ces beautés inédites.

Parmi les amoureux du Bois les plus décidés, était un ancien ministre étranger, que nous appellerons M. Parmelay. Il avait passé sa jeunesse dans les aspirations de la politique, l'amour lui venait pour la première fois de sa vie aux jours mélancoliques de sa cinquantaine. Il jura qu'il épouserait Judith; mais comment l'aborder?

Un dimanche qu'il descendait les Champs-Élysées, il reconnut les deux sœurs parmi les promeneurs. Il descendit de voiture et alla droit à elles. Mais elles étaient avec leur père, une figure sévère encadrée de cheveux blancs.

— Diable! dit-il, c'est sérieux, la rosette de la Légion d'honneur! Décidément ce sont des filles du meilleur monde.

Comme M. Parmelay s'était avancé rapidement, le capitaine s'arrêta. Judith reconnut un de ses amoureux du Bois.

— Puisqu'aussi bien nous voilà en présence, dit M. Parmelay s'adressant au capitaine, je vais, monsieur, vous demander la main d'une de vos filles.

Et comme le capitaine et ses deux filles le regardait en silence, M. Parmelay continua :

— Mon Dieu ! j'ai été diplomate pendant longtemps, j'ai fini par reconnaître que la meilleure diplomatie était d'ouvrir son cœur. Au dix-neuvième siècle, on ne trompe plus personne.

— C'est mon opinion, dit le capitaine qui aimait les allures franches. Toutefois, vous me permettrez, monsieur, de ne pas vous répondre ici.

— Pourquoi ? reprit le ministre étranger. J'ai cinquante ans, mais j'ai cent mille livres de rente. Je n'ai pas de famille, je donnerai tout à mademoiselle. Voilà mon contrat de mariage.

— Oui, mais encore le notaire n'est pas là, dit le capitaine en riant.

Les cent mille livres de rente avaient ensorcelé Judith. Jusque-là, elle voulait entraîner son père à passer outre, mais elle s'arrêta tout à fait et répondit à la proposition par le regard le plus enchanteur.

On échangea des cartes, on promit de se revoir le soir même chez le capitaine.

— C'est un rêve, dit Judith à sa sœur.

— Non, répondit Rosa, ce n'est pas un

rêve. Tu tiens tes cent mille livres de rente. J'espère que tu vas me faire un joli cadeau de noce.

— Je te ferai une dot, répondit Judith.

Le rêve se réalisa. A trois semaines de là, Judith de Roncières épousa M. Parmelay.

Tout le monde le trouva bien heureux d'avoir conquis une si belle femme.

Un Américain qui s'était enrichi à force de faire faillite, qui avait déjà une femme au Canada et une femme à San-Francisco, épousa quelque temps après la sœur de Judith. Il jouissait à Paris d'une grande considération, parce qu'il jouissait d'une grande fortune.

L'hiver suivant les deux filles du capitaine furent de toutes les fêtes et donnèrent des fêtes. Pas un chroniqueur qui ne parlât de la longueur de leurs jupes et de la géographie de leur avant corps. M. de Guilloutet s'indignait tout haut que tous ces cyniques Diogènes levassent leurs lanternes sur des jeunes femmes en pleine lune de miel. Mais elles, les imprudentes! elles ne s'en indignaient pas, elles savouraient la joie de leur triomphe, elles se roulaient sur les robes et les diamants comme la pauvreté sur le monde.

Elles ne pensaient plus ni à Vienne ni même à Bade !

Mais voilà qu'un jour, un banquier plus ou moins juif, qui les avait connues à Vienne, les retrouva au Bois. Elles étaient descendues de voiture et elles causaient toutes les deux au bord du lac.

Le banquier alla droit à elles, mais il s'arrêta en chemin, désarmé par deux fiers regards, « le regard de la vertu même. »

Par malheur, il devait les retrouver.

— Cet homme m'a effrayé, dit Judith à Rosa.

— Oui, mais tu l'as effrayé par ton grand air.

Quelques jours, après les deux sœurs furent conduites par leurs maris à un des plus beaux bals de la saison.

On voulut soupailler un peu avant de retourner chez soi.

Quand Judith fut au buffet, son mari rencontra le ministre des États-Unis et dit avec lui quelques mots de politique.

C'est surtout au buffet que les femmes ne s'inquiètent pas de leur mari ; chacun pour soi, le pâté de foie gras pour toutes.

Un homme se posa derrière Judith et se pencha à son oreille pour lui dire des choses étranges qui lui paraissaient toutes simples à lui. C'était le banquier allemand ; il est vrai qu'il parlait en allemand.

Le premier mot qu'il prononça, c'était le nom de l'odieuse maison de Vienne où Judith avait passé quelque temps avec sa sœur.

La jeune femme, tout effrayée, fit semblant de ne pas entendre et demanda de la poularde truffée.

Mais le banquier allemand tenait bon. Il ne voulait pas avoir été trompé par ses yeux. Il cherchait le mot de cette énigme.

— Madame, dit-il, je suis bien aise de vous retrouver toujours aussi jolie. Le mariage vous va bien. Ce que c'est que l'expérience des hommes! Voyez-vous, madame, toutes les femmes devraient commencer comme vous, car vous avez passé par la véritable école des femmes.

Judith savait encore assez d'allemand pour

comprendre toutes les insolences du banquier.

— Monsieur, lui dit-elle, je vais appeler mon mari, il vous répondra.

Elle voulait se sauver, elle se perdit.

— Vous voyez bien, ma chère, lui dit le banquier, que vous comprenez encore l'allemand.

En ce moment M. Parmelay se rapprocha de sa jeune femme, heureux d'avoir exprimé son opinion plus ou moins humanitaire.

— Mon ami, lui dit sa femme, délivrez-moi donc de cet étranger ivre.

Le mari avait déjà entendu quelques mots d'allemand dits à sa femme.

— Monsieur, je ne permets à personne de parler à ma femme, surtout en allemand.

— Monsieur, dit le banquier en buvant un verre de vin de champagne, le vingtième de la soirée, si je parle allemand à Madame, c'est que je l'ai connue en Allemagne.

— Je n'ai jamais été en Allemagne, murmura Judith.

— Ne vous défendez donc pas devant un homme ivre.

Et M. Parmelay voulut emmener sa femme.

— Allez ! allez ! dit le banquier, vous aurez beau l'emmener, là-bas, plus loin, au bout du monde, il se trouvera toujours quelqu'un pour vous dire ceci ou à peu près : Ah ! monsieur, que vous avez là une jolie femme ! vous serez bien heureux avec elle, je vous en réponds, car nous la connaissons tous ; elle a fait notre bonheur en Allemagne, notre bonheur à tous, car elle a eu l'art de se multiplier.

Le mari donna son gant et sa carte au banquier.

— C'est cela, la carte à payer, dit celui-ci, nous savons le prix ; cela ne coûte pas cher, un frédéric et les gants.

M. Parmelay ne comprit pas cet abominable mot. Quand il se fut éloigné, il regarda sa femme qui, tout en prenant son air insouciant, avait pourtant gardé je ne sais quoi d'inquiet dans sa physionomie.

— Judith, est-ce que vous avez voyagé en Allemagne ?

— Jamais ! répondit Judith.

C'était le second pas vers sa perte.

On vint lui demander si elle voulait valser, elle accepta, croyant prouver ainsi qu'elle n'avait rien sur la conscience.

Mais pendant qu'elle valsait, M. Parmelay qui cherchait un témoin, avisa son beau-frère. Rosa, qui était au bras de son mari, fut indiscrète; elle questionna, elle répondit, elle ne crut pas mal faire en avouant qu'elle avait fait avec sa sœur un voyage en Allemagne. Elle avait déjà d'ailleurs dit cela à son mari, parce qu'elle ne savait pas garder de secrets, — hormis le dernier, le secret de Vienne!

Le mari de Judith, qui avait déjà la mort dans l'âme, ne douta plus de son malheur.

La valse était finie, Judith revint à lui. Il ne refusa pas de lui donner le bras pour la reconduire à la maison, mais il ne daigna pas répondre un seul mot à toutes ses questions. Elle s'indigna, elle pleura : il semblait ne pas entendre et ne pas voir.

Il monta l'escalier avec elle. Dès qu'elle fut dans l'antichambre de son appartement, il la salua comme une étrangère et il redescendit l'escalier, jurant de ne la jamais plus revoir.

Il alla au Grand-Hôtel et se prépara à ses deux grands actes du lendemain : le duel et la séparation.

Ce n'était pas la première fois qu'un nuage troublait son ciel depuis son mariage. Judith avait eu beau cacher le passé à triples verroux, il avait vu — par la seconde vue — la vérité apparaître vaguement dans le puits de ténèbres. On sent le mauvais livre rien qu'à voir la couverture. Judith avait eu beau déchirer toutes les pages fatales, son âme n'avait pas foi en elle. Judith était comme l'enfant qui trouble la source pour ne pas voir le bourbier.

Le pauvre homme eut un beau quart d'heure d'imprécations. Il s'indigna contre sa femme, il s'indigna contre lui-même. Était-il possible que lui, qui avait toujours vécu dans les sérénités de l'intelligence et du devoir, il se fût ainsi mésallié? Comment s'était-il décidé si vite à prendre cette femme parce qu'elle était jolie? Mais ce père, qu'était-il donc? Un pauvre homme sans doute, qui n'avait pas vu. Le proverbe dit : « Prenez garde à la fille quand la mère n'est pas là. » La mère n'était plus là, et lui n'avait pas pris garde.

Le duel n'eut pas lieu. Le banquier allemand, dégrisé, comprit toute l'horreur de son rôle : il envoya des excuses et alla cuver son vin à la Bourse.

L'ancien ministre n'en fut que plus malheureux ; il éprouvait une joie sinistre à la pensée de châtier cet homme ; il ne lui restait plus qu'à penser à sa séparation avec Judith.

Sa femme le savait au Grand-Hôtel. Il reçut d'elle, vers deux heures, ce simple mot :

Monsieur,

Condamnez-moi, mais écoutez-moi. J'irai à vous, si vous ne voulez revenir ici.

Judith.

En lisant ce billet, M. Parmelay dit quatre fois non. Mais tout d'un coup sa douleur éclata dans son amour.

— Cette femme, je l'aime, dit-il.

Sa dignité lui défendait de la revoir jamais. Par miséricorde, il lui permit de venir.

Elle vint. Elle était transfigurée, je ne sais quelle auréole illuminait son front.

Elle voulut lui prendre la main, il retira sa main.

— Parlez, madame, lui dit-il.

Elle tomba agenouillée dans l'humiliation; il ne la releva pas.

— Monsieur, lui dit-elle en commençant, je suis la dernière des femmes, non-seulement parce que j'ai traversé une maison de filles, mais parce que je vous ai caché cela. Je croyais que l'amour était une rédemption, mais la rédemption c'est l'amour de Dieu.

Et elle conta mot à mot toutes les misères de sa vie en Allemagne, avec une franchise loyale et vaillante, s'accusant toujours, ne s'excusant jamais. Et quand elle eut cessé de parler :

— Pourquoi, madame, faites-vous cette confession ? lui demanda M. Parmelay.

— Parce que j'ai voulu vous prouver que j'étais la plus malheureuse des femmes, parce que j'ai voulu vous supplier de ne pas dire un mot à mon père qui ne sait rien.

— Madame, dit M. Parmelay, je ne parlerai jamais de vous à qui que ce soit, — pas même à moi.

Puis s'inclinant vers elle, la main tendue :

— Relevez-vous, madame, je ne veux pas être votre juge, je n'ai donc pas le droit de vous condamner.

Judith se releva, sans oser regarder M. Parmelay.

— Un dernier mot, Madame. Quand je vais être parti à tout jamais, pour l'Amérique, que ferez-vous?

— Ce que je ferai? murmura Judith qui n'avait pas prévu cette question.

Elle sembla s'interroger.

— Monsieur, puisque je vous ai ouvert mon cœur, je serai franche jusqu'au bout. Je n'aurai jamais le courage de m'enterrer vivante dans un couvent; je ne me sens pas née pour les flagellations ni pour les sacrifices. La vie est trop active en moi. Ce que je ferai? N'ayant pas le droit d'avoir un mari, j'aurai un amant. N'est-ce pas, à Paris, l'histoire de toutes les filles perdues? Je n'en suis pas, pour cela, plus mauvaise qu'une autre. Adieu, Monsieur.

Elle s'inclina et marcha de profil trois pas vers la porte.

— Madame, dit encore M. Parmelay, m'avez-vous jamais aimé cinq minutes ?

— Monsieur, c'est surtout parce que je vous ai aimé que j'ai voulu vous faire ma confession.

C'était l'accent de la vérité.

Disant ces derniers mots, Judith s'inclina une seconde fois et disparut.

Quand elle fut partie, M. Parmelay éclata en sanglots.

— Hélas ! dit-il, le devoir m'ordonne de jeter cette femme hors de mon chemin ; or, qu'est-ce donc que le devoir, puisque mon cœur me dit que j'ai tort ? La bonté, n'est-ce pas la vertu ?

Il semblait à M. Parmelay qu'on l'eût coupé en deux, il ne se retrouvait plus qu'à moitié, tant Judith avait pris son cœur et son âme.

Il passa une seconde nuit dans toutes les angoisses et dans tous les déchirements.

Le lendemain matin, il prit un revolver et il alla droit chez le banquier allemand.

Comme il approchait de la maison, il vit

trois à quatre cents personnes attroupées devant la porte.

— Qu'est-ce donc? demanda-t-il.

— Oh! ce n'est rien, dit un gamin, c'est un homme qui s'est pendu.

C'était le banquier, il jouait à la baisse depuis longtemps. On l'avait exécuté à la Bourse, il venait de s'exécuter lui-même.

— Jamais un homme ne s'est pendu plus à propos, dit M. de Parmelay gravement.

Il retourna chez lui, non pas au Grand-Hôtel, mais dans sa maison.

Il trouva Judith couchée toute ravagée par les larmes et par l'insomnie.

Elle était plus belle encore dans cette pâleur du repentir. M. Parmelay vit bien qu'elle ne jouait pas la comédie.

Il se jeta dans ses bras, il ne lui dit pas : « Je vous pardonne, » car le pardon, c'est l'humiliation. Il lui dit : « Je t'aime, » parce que l'amour, c'est la transfiguration.

Le pardon est une belle chose le jour où on pardonne; mais le lendemain?

On ne rouvre pas le Paradis à ceux qui ont mis le pied dans l'Enfer.

Dieu seul tient le pardon dans ses mains, parce que sa miséricorde est une source vive. La miséricorde des hommes n'a qu'une larme, il n'y a pas de quoi laver un péché mortel.

M. Parmelay est parti pour l'Amérique avec sa jeune femme. Nouveau monde, nouvelle vie. Voilà ce qu'il s'est dit; mais le Niagara n'effacerait pas la tache que Judith a voulu cacher par sa robe de mariée.

V

Madame A. B. C. D.

Voyez comme M. A. B. C. D. est fier de promener Madame A. B. C. D. Il est content d'elle comme un auteur est content de son livre, comme un père est content de son enfant, comme un soldat est content de sa croix.

Elle est donc bien à lui, tout corps tout âme.

Les maris n'ont pas de rancune quand on leur montre des larmes dans l'amour; ils ne se retournent pas en arrière pour voir les amoureux.

Or, écoutez ce conte qui n'est pas un conte.

Et d'abord on l'appelle M. A. B. C. D. parce

que sa femme a dit à ses amis qu'il ne savait que l'A. B. C. D. de l'amour.

Il n'y a pas longtemps de cela, pendant que Madame A. B. C. D. faisait des grâces dans son landeau sur les bords du lac, M. A. B. C. D. de retour du Cercle l'attendait patiemment en lisant un journal du soir.

Il était à son balcon, au premier étage, rue Galilée ou rue avoisinante, je ne sais plus bien.

Il est tout à coup distrait par une estafette, un beau garde municipal dont le cheval s'impatienté devant la porte.

Il entend prononcer le nom de Madame A. B. C. D.

Qu'est-ce que cela, dit-il, sans doute une invitation à un bal officiel.

Il dépêche son valet de chambre qui revient bientôt avec un pli cacheté.

M. A. B. C. D. n'y va pas de main-morte. Il déchire l'enveloppe et lit ces mots tout en se demandant s'il rêve :

Chère âme de ma vie,
N'oublie pas ce soir que je te défends de

valser avec tout autre qu'avec moi. Tu as été adorable hier, tu seras divine aujourd'hui. Mais pourquoi faire des phrases? Je t'aime d'un amour affamé. Donc ce soir à onze heures. Tâche de laisser ton mari au vestiaire.

Or le mari, voulut relire une seconde fois cette jolie épître. Mais le valet de chambre était là qui lui avait dit trois fois :

— Il faut que Monsieur signe.

— Comment, il faut que Monsieur signe ?

— Oui, c'est l'usage, Monsieur sait bien que s'il vient une lettre de la Cour ou du Ministère, il faut toujours signer.

— Eh bien ! signez vous-même, dit M. A. B. C. D. en contenant mal sa colère.

Dès que le valet de chambre se fut éloigné, M. A. B. C. D. vit revenir la voiture de sa femme.

Il se hâta de remettre la lettre sous l'enveloppe et d'y appliquer un énorme cachet pour masquer la déchirure du papier.

Quand sa femme rentra, il lui dit de sa voix la plus caressante :

— Tiens, ma chère, cette lettre est pour toi.

La dame prit la lettre avec quelque surprise et quelque inquiétude en voyant sur l'enveloppe la marque du ministère de l'intérieur.

Elle s'approcha de la fenêtre pour la lire.

— C'est sans doute une invitation, dit M. A. B. C. D.

— Oui, dit-elle bravement, c'est une invitation à la valse.

Le mari fut confondu de tant d'audace, mais ce fut alors qu'elle se montra femme jusqu'au bout des doigts. Elle jeta la lettre avec un souverain mépris.

— Cette lettre n'est pas pour moi, dit-elle. Le secrétaire du secrétaire du ministre m'avait promis une invitation pour le bal de la marine, il avait sans doute beaucoup de lettres à envoyer ce soir, il aura fait du gâchis. Vous pourrez aller lui demander une explication de ma part, c'est votre devoir !

Madame A. B. C. D. était bien sûre que son mari n'irait pas.

Elle ajouta d'une voix des dimanches :

— Mon cher ami, ne va pas compromettre

la malheureuse femme à qui on écrit de pareilles impertinences.

Le mari, tout cajolé qu'il fût, conservait encore quelques doutes. Mais le soir, au bal, quand sa femme, qui naturellement ne valsa pas, lui montra du doigt une valseuse abandonnée à son entraîneur, le mari fut radieux.

— Voilà qui me dégoûte de valser, dit-elle en s'appuyant amoureusement sur M. A. B. C. D.

VI.

Augusta

C'est une amie de madame de Montmartel.

Elle a été de tous les mondes, même du meilleur, même du plus mauvais, comédienne au théâtre, comédienne au salon, mais se jouant à elle-même les vraies comédies.

Augusta est une des plus singulières créatures qui aient marqué leur physionomie dans la galerie parisienne. Elle a l'esprit le plus rapide et le plus mobile qui soit. Aussi a-t-elle eu trois mille amants. Ceci mérite une petite explication. Dès qu'un homme vient à elle et s'annonce avec je ne sais quoi de nouveau, d'original, d'imprévu, elle se passionne et lui dit le mot qui brûle : — Je t'aime. — Et elle l'aime en effet de toutes les forces de son cœur, qui est tout esprit. Mais cette passion dure cinq minutes. Si cela se passait entre quatre yeux sous le grand marronnier ou sur le sopha de Crébillon, on ne peut pas dire les limites périlleuses de cette passion soudaine. Mais avant que l'homme n'ait eu le temps de comprendre, elle l'a déjà mesuré de la tête aux pieds. Elle a voyagé à la vapeur sur cette nouvelle carte géographique comme pour bien s'assurer si elle a découvert un monde. Elle pose son point d'interrogation devant le front et devant le cœur. Comme elle est myope, elle regarde de très près si l'homme a des cheveux rebelles ou lâches; s'il a des yeux profonds; s'il a ses trente-deux dents, s'il a des pieds à ne pas dormir debout et s'il a des mains capricieuses. C'est son idéal. Une dent de moins, elle se désagrége; un œil qui dit tout, elle se désillusionne; un pied à faire le pied de grue, elle ferme sa porte; une main bête, elle retire sa main.

Mais si elle a trouvé presque son idéal, elle tient bon un jour de plus, son cœur déborde, son esprit est une source jaillissante: cette femme si gaie tout à l'heure, n'est plus qu'une élégie en larmes. Elle tombe dans toutes les mélancolies de Werther, elle s'enferme et s'enivre du doux mal d'aimer. Elle a une confidente, non pas la confidente des tragédies, elle prend sa plume et il lui dit de tout dire.

Vous n'imagineriez jamais que ces lettres brûlantes, ces expansions à la sainte Thérèse et à la Sapho sont tombées de son cœur sur sa plume. C'est elle pourtant qui parle ainsi. Elle brouille la poésie allemande avec l'esprit de madame de Sévigné. On dirait une légende écrite par Voltaire. On voit qu'elle veut rire, mais au fond elle est sérieuse. Ce n'est pas un jeu d'imagination, c'est la force du sentiment. Elle y attache çà et là une raillerie comme pour se prouver à elle-même que cette passion d'aujourd'hui comme celle d'hier, comme toutes les autres s'évanouira sans un éclat de rire.

Cet éclat de rire, il a été horrible pour tous ceux qui l'ont aimée. Car, pendant qu'elle s'allumait comme un feu de paille, les amoureux qui n'y songeaient pas d'abord, s'illuminaient bientôt eux-mêmes. Ils se mettaient en route pour une grande passion : elle en valait bien la peine. Ne promettait-elle pas par ses beaux yeux rêveurs, par son esprit toujours imprévu, par sa bouche adorable, par son sein savoureux toutes les stations de la volupté.

Mais c'est à la première station qu'elle se réveillait. Et son réveil s'annonçait par un éclat de rire qui eût fait tressaillir Molière dans son tombeau. Ainsi l'amoureux était au premier degré de l'échelle quand déjà Augusta avait escaladé le ciel et en était redescendue. Son amour finissait quand celui de son amant commençait. On croyait que c'était chez elle une abominable coquetterie, mais elle obéissait à son cœur. Elle avait eu ses cinq minutes, que lui importait qu'on l'aimât cinq jours ! Elle n'avait plus rien à voir dans cet amour.

Elle traînait à ses trousses une foule de victimes, mais elle n'avait nulle compassion :
— Tant pis, disait-elle, il fallait m'aimer à mon heure.—Elle ne se retournait jamais vers le passé, sinon pour se dire : — Combien de revenants là-bas ? Mais moi je n'aime pas les morts.

J'en ai vu plus d'un qui la suppliaient de retourner la tête, mais elle disait invariablement : — Je ne puis rien pour vous ? — Elle avait au moins cette vertu : si elle trahissait les hommes, elle ne trahissait pas l'amour. Quand on lui parlait de tous les maux qu'elle jetait à pleines mains, elle répondait : — Croyez-vous donc que je marche sur des roses !

En effet, elle avait elle-même ses douleurs. Combien de fois s'était-elle obstinée à aimer qui ne l'aimait pas. Elle ne pouvait s'acclimater dans le bonheur d'une autre. Sa joie suprême était de voler un amant à une amie. Au théâtre, c'est un emploi toujours bien rempli. L'amant d'une actrice n'a qu'à se laisser faire, il les aura toutes s'il joue bien son jeu. Quand Augusta échouait, sa passion qui commençait par un lever de rideau, finissait par une tragédie. On l'a vue tenter le poison des Borgia, le poignard de Tolède, le couvent des filles repenties, jusqu'au charbon des couturières en chambre.

VII

Le troisième convive

Ci-gît une autre comédienne devenue femme du monde. Celle-ci, une amie de mademoiselle Charmide.

L'homme n'aime pas le droit chemin, il préfère les casse-cou, les méandres, les sentiers perdus, les steeple-chases, les sauts de loup. Et s'il voit devant lui cette inscription : *Il y a des piéges à loup,* il y va tout droit. C'est que l'homme est toujours un gamin: Mariez-le quand il sort du collége, donnez-lui une belle femme et beaucoup d'argent, il trouvera que le bonheur est trop facile, il s'en ira le lendemain confier son cœur et son argent à quelque fille perdue un peu moins belle que sa femme, qui lui donnera beaucoup de fil à retordre. Voyez à Paris tout autour de vous, ici par exemple : le comte *** se donne-t-il assez de mal pour subir les caprices de mademoiselle Y. ! Elle le condamne à aller dans le monde — chez elle — dans son avant-scène aux Bouffes-Parisiens, car on lui refuse une loge aux Italiens, faute d'un peu plus de tenue; dans son coupé où il se cache comme il se peut; aux bals de ses petites amies, où il prend un pseudonyme dans la peur des reporters. Ce qu'il lui faut de diplomatie pour cacher toutes ses frasques, on n'en a pas l'idée. Il dépense plus d'imagination qu'un romancier pour prouver à sa femme qu'il a joué au cercle, qu'il a été chez le ministre, qu'il a voyagé, que sais-je ! C'est l'histoire de toute la génération, c'était celle d'hier, ce sera celle de demain.

Cela prouve qu'il faut acheter son bonheur fort cher pour le trouver bon. J'ai connu un galant homme qui avait épousé la plus belle créature qui fût dans toutes les Russies. Si elle eût été pauvre, peut-être l'eût-il aimé, mais par malheur elle lui apportait huit cent mille livres de rente en dot. Argent oblige. Quand on connut à Paris le chiffre de la dot, on comprit que le mari était de bonne prise. Toutes les femmes dressèrent des batteries : il choisit une comédienne pour mieux suivre la mode.

La comédienne était très âpre au gain, elle savait que son amant avait un million de revenus, aussi fit-elle un beau dégât dans sa fortune. Elle lui disait qu'elle n'aimait l'amour que quand elle avait les mains pleines d'or, comme d'autres ont les mains pleines de fleurs. S'il voulait combattre ce qu'il appelait cet enfantillage, la comédienne lui disait :

— Tu dépenses un million par an, il m'en faut la moitié.

Pendant quatre années, elle croqua son demi-million comme elle eût fait d'une pomme d'api. Je me trompe, elle mangeait cent mille francs et portait méthodiquement le reste chez un banquier, un ami du second degré.

Au bout de quatre ans elle avait deux millions, car le banquier avait bien placé l'argent. L'argent oblige. Il fallait bien qu'elle fît elle-même une sottise.

Elle épousa le premier amoureux venu, qui chanta bien la sérénade à Madame.

Mais en même temps que notre homme perdait sa maîtresse, il perdait sa femme.

— Adieu, mon ami, lui dit celle-ci. Vous vous imaginez peut-être que vous allez vous retourner vers moi, mais je ne suis pas un pis-aller. Je retourne en Russie avec mes huit cent mille francs de rente. Il vous reste une ressource, c'est de devenir l'amant de votre maîtresse, maintenant qu'elle est mariée. Vous aimez les obstacles, voilà votre affaire.

Le conseil fut suivi. Dès que la comédienne fut mariée, elle trouva qu'un mari n'était qu'un homme du troisième degré. Sans doute le chanteur de sérénades n'avait chanté des sérénades qu'à son argent : elle se retourna, elle aussi.

— Ah! je n'ai aimé que toi! s'écria-t-elle en se rejetant dans les bras de son amant.

Le mari montra sa figure tragique.

— Il ne manquait que cela à notre bonheur, lui dit la comédienne.

Et les voilà heureux tous les trois.

VIII

Monsieur et madame Bonaventure

Monsieur et Madame Bonaventure, saluez !

C'était bien le plus heureux intérieur de Paris que celui de monsieur et madame Bonaventure. Deux épousés, jeunes encore, qui avaient passé de la lune de miel au lunatique amour de l'art.

M. Bonaventure était poëte, madame Bonaventure était pastelliste.

Qui leur avait donné ces aspirations vers l'immortalité ?

M. Bonaventure était un Parisien de l'île Saint-Louis; son père, herboriste aux grandes visées, avait, à force de labeur, et en mettant un sou sur un sou, donné six mille livres de rentes en dot à chacun de ses enfants, s'imaginant que tous ses enfants étaient riches.

Anatole Bonaventure, — le poëte, — celui que nous étudions, n'avait pas songé à devenir plus riche que cela, d'autant plus qu'à vingt et un ans il avait épousé sa cousine Théodule Martinet, qui avait elle-même une dot de cent mille francs en obligations de chemins de fer, c'est-à-dire à peu près six mille livres de rente. Nés tous les deux dans le Marais, loin des splendeurs du luxe, ils s'étaient volontiers imaginé que douze mille livres de rente leur ouvrait des Californies inépuisables.

Une fois mariés, on avait meublé dans le plus pur palissandre un appartement de quinze cent cents francs, rue d'Assas, et on s'était dit : « Nous serons du faubourg Saint-Germain. »

Que faire dans cet horizon doré? Être heureux. Mais le bonheur ne se suffit pas à lui-même. C'est un enfant gâté qui aime l'agitation.

Auatole, un soir qu'il revenait de l'Odéon, s'écria :

— Et moi aussi, je suis poète!

Dès le lendemain, il ébaucha quelques tragédies.

Théodule, de son côté, ne voulut pas être indigne d'un tel mari. Son père était marchand de papiers peints, elle avait pu étudier les « Beaux-Arts » sans sortir de la boutique. Là sur ce paravent Watteau, ici dans ces chinoiseries, plus loin dans ces fleurs tropicales : toutes sortes de chefs-d'œuvre à faire pâlir les dieux de la peinture.

Théodule se reconnut une vocation; on lui avait parlé de la Rosalba, elle jura qu'elle serait, elle aussi, une Rosalba, « le miracle des Grâces. »

On sait que dans les arts les plus belles aspirations, si elles ne sont contenues par une raison sévère, mènent tout droit à la folie. Voilà pourquoi, après avoir travaillé à côté l'un de l'autre pendant un an, Anatole Bonaventure et sa femme déshonoraient le papier et la toile. On n'avait jamais rimé de vers plus pompeusement ridicules; on n'avait jamais caricaturé la figure humaine avec plus de naïveté.

Et voilà pourquoi tous les jours le mari disait à la femme : — Comme tu peins bien ! Et pourquoi la femme disait au mari : — Oh ! mon poëte !

C'était une vraie comédie, quand vers le soir ils se donnaient des coups d'encensoir. Mais c'était bien mieux encore quand ils appelaient le public à les juger.

Anatole avait dit à Théodule :

— Tu sais que Molière ne reconnaissait qu'un seul juge : sa servante.

Théodule avait dit à Anatole :

— C'était l'opinion de Rembrandt, qui prenait les yeux de sa cuisinière pour mieux voir ses tableaux.

On décida que la cuisinière et la femme de chambre seraient appelées tous les jours pour écouter les vers et pour voir les pastels.

La femme de chambre avait quelques teintes de littérature ; elle avait lu la *Nouvelle Héloïse* et *Rocambole*.

Vous voyez d'ici le spectacle. La dame, plus impatiente, appelait d'abord sa cuisinière.

— Marianne, qu'est-ce que vous dites de cela?

Marianne soulevait son tablier et déclarait, sur son âme et conscience, que madame était la huitième merveille du monde. Par exemple, si elle peignait des fleurs :

— C'est beau comme des bouquets artificiels, disait Marianne.

Et si elle jugeait des figures, elle s'écriait :

— Ne dirait-on pas que c'est peint par des fées?

En effet, les figures étaient tout aussi artificielles que les fleurs.

Madame Bonaventure se hasarda à peindre un portrait. C'était le portrait d'une jeune fille de ses amies, mademoiselle de Moncenac, que Violette voyait quelquefois.

— Comme c'est ressemblant! disait la cuisinière. Le nez est plus grand, la bouche est plus petite, les yeux ne sont pas de la même couleur, la joue me semble un peu trop rose, il faudrait brunir les cheveux; mais, à cela près, c'est tout à fait mademoiselle Julia. Voyez plutôt la robe, on s'y tromperait.

Et Marianne s'en allait mettre un peu de

sel dans son ragoût, fière de passer à l'état de critique d'art.

Les discours de la femme de chambre n'étaient pas moins drôles; elle évoquait ses lectures et décidait hautement que les grands poëtes n'avaient mieux frappé les alexandrins. Elle trouvait bien que monsieur manquait de gaieté dans sa comédie et de terreur dans sa tragédie, mais comme disait Théodule:

— Il n'y a que Jean Racine qui soit parfait.

— Et elle ajoutait :

— Voilà pourquoi il m'ennuie.

Cependant, madame Bonaventure se hasarda à l'Exposition : elle fut refusée. A l'Odéon, M. Bonaventure fut reçu. M. Bonaventure s'en consola, mais madame Bonaventure fut toute une nuit sans dormir.

Aussi le lendemain la pauvre femme jura de se venger. Elle courut chez un peintre en renom qui avait dîné à côté d'elle chez un ami commun.

— Croiriez-vous qu'ils m'ont refusée!

— C'est impossible, vous êtes si jolie! Moi, je vous accepte.

— Oh! oui, donnez-moi des leçons.

— Avez-vous peint le nu?

Madame Bonaventure rougit.

— Non, mais j'ai regardé des statues.

— Mauvaise école, madame! Le marbre tue le peintre, témoin David, qui ne regardait que les antiques. Vous allez vous déshabiller et je vous donnerai une première leçon de dessin sur vous-même.

— Mais, monsieur, c'est impossible!

— Madame, on est artiste ou on ne l'est pas. Il n'y a que les mijaurées ou les pimbêches qui s'offensent des nudités. Quand vous allez au bal, que cachez-vous? Moins que rien. Commençons par le commencement; pour aujourd'hui, ne me montrez que ce que vous montrez au bal. Vous vous regarderez dans cette glace, nous ferons chacun un dessin, le mien vous fera voir les fautes du vôtre. A bas le corsage!

Madame Bonaventure prit cela pour de l'argent comptant; elle fit bien quelques façons, mais enfin l'amour de l'art l'emporta. Elle avait les plus belles épaules et les plus beaux seins du monde; ce fut du moins l'opinion du jeune maître, qui avait appris à comparer.

— Voyez-vous, lui disait-il, il n'y a que la nature.

A la troisième leçon, madame Bonaventure savait faire une académie.

M. Bonaventure, de son côté, n'arriva pas vite — à l'Académie, dirait un joueur de mots. Il fut joué à l'Odéon, ce qui lui fut un mauvais point pour l'avenir. Encore s'il avait été sifflé! Mais non, il fut joué et tomba dans un succès d'estime. C'était une comédie bourgeoise toute pleine de bonnes intentions; celle qui jouait le rôle d'amoureuse dit à M. Bonaventure :

— Mon cher, vous êtes trop simple; vous ne ferez une bonne comédie que si vous m'enlevez à mon amant. Votre femme peint d'après nature, il faut écrire pareillement d'après nature; il y a un enlèvement dans votre comédie qui n'enlève pas le parterre. Commencez par m'enlever, le théâtre est l'école des mœurs.

M. Bonaventure ne savait pas comment on enlève une femme, mais la comédienne avait appris cela au couvent, où ces demoiselles s'amusent à faire enlever leurs poupées. Elle mena l'enlèvement à bonne fin.

Et voilà comment monsieur et madame Bonaventure, qui s'adoraient, ne firent plus leur bonheur, parce qu'ils firent le bonheur d'une comédienne et d'un peintre. L'amour de l'art les conduisit à l'art de l'amour.

IX

Le numéro de la vertu

Je vous recommande ce numéro-là.

On surnommait Marguerite : l'Immaculée Conception, après comme avant son mariage, tant on respirait la vertu autour d'elle. Et pourtant on ne disait pas d'elle comme de cette comédienne « elle a été conçue sans péché, mais elle a péché sans concevoir. » Marguerite n'avait pas d'enfants.

Elle était plus fière et plus blanche que la neige des Alpes.

Sa blancheur faisait froid ; sa fierté donnait le frisson. Nul des amis de son mari n'avait tenté avec elle un mot galant. On la condamna après la lune de miel à jouer les rôles de mère de famille.

Il ne lui manqua pour cela que d'avoir des enfants.

Huit années se passèrent dans les devoirs du mariage.

Il est convenu que le faubourg Saint-Germain est un château en ruine où il n'y a plus que quelques Ravenswood. Marguerite, toute cousue d'or, avait pris un homme de ce château-là.

M. de Montalbe — donnons-lui un pseudonyme — n'est ni bien ni mal, ni spirituel ni sot. Il fait quelque figure dans le monde, mais c'est tout ce qu'il peut faire. J'oubliais : s'il n'est pas bon père, il est bon mari.

Quoiqu'il soit du Jockey — ou des Mirlitons — il n'a pas de maîtresse ; aussi a-t-il toujours gardé dans son intérieur la sévérité et la rudesse d'un homme qui fait son devoir.

Une femme d'esprit disait à une femme de cœur : « Ah ! ma chère amie, ton mari a une maîtresse ! Voilà une bonne nouvelle ! Voilà qui mettra du fondant dans le ménage ! Voilà qui va le faire charmant pour toi ! »

M. de Montalbe n'en était pas encore là ; aussi, comme il était ennuyeux, il répandait l'ennui dans sa maison. Madame de Montalbe l'aimait dans l'ennui ; c'était l'amour un jour de pluie ; elle commençait à regarder l'horizon. Bien avant l'âge critique il y a, pour toutes les femmes du monde, l'âge des crises. Les plus vertueuses ont une heure de vertige.

Un beau soir, un personnage qui avait autre chose à faire leur donna une avant-scène à l'Odéon. On jouait *le Passant*. Quelle que fût la beauté de Mademoiselle Colombier, madame de Montalbe envia Sarah Bernhardt, qui s'en va *du côté de l'aurore,* cherchant l'imprévu, cette bonne fortune des insouciants et des curieux.

La toile était tombée Madame de Montalbe oubliait de s'en aller, tant elle était enchaînée dans son rêve, tant son âme s'était envolée avec *le Passant*.

— Voyons, madame, dit M. de Montalbe, dépêchons-nous. Avez-vous envie de coucher ici ?

Elle soupira et pensa qu'après tout ce serait peut-être moins ennuyeux que de coucher avec son mari. Elle se leva enfin, elle mit sa pelisse et elle suivit son mari, qui marchait quatre pas devant elle.

Pour les natures poétiques, pour les vives imaginations, le spectacle n'est pas fini quand la toile tombe. Elles cherchent au delà, elles vont plus loin que le dénoûment, elles reprennent le scenario. Madame de Montalbe voulait savoir ce qu'il adviendrait au *Passant* ce jour-là. Qui sait si le soir il ne rebrousserait pas chemin pour se jeter tout éperdu dans les bras de la courtisane? Après tout, les anges n'aiment pas d'un amour terrestre, d'un amour humain, d'un amour voluptueux. Pour que la passion soit douce ou violente, ne faut-il pas que l'un des deux, l'amant ou la maîtresse, soit Lovelace ou Manon Lescaut?

— Voyons, madame, dit M. de Montalbe, au haut de l'escalier, prenez mon bras.

Mais la jeune femme ne prit pas le bras de son mari. Il était trop impératif pour qu'elle obéît. Elle continua à le suivre à quelque distance, sans s'inquiéter de tous les regards qui tombaient sur elle. Il y avait là beaucoup d'étudiants qui n'étaient pas du faubourg Saint-Germain et qui ne connaissaient pas M. de

Montalbe. Ils se demandaient ce que faisait là cette femme.

— Une princesse ! dit l'un.

— Tais-toi donc ! dit un autre ; nous sommes en carnaval : c'est une cocotte qui s'est déguisée en femme vertueuse.

Cependant on avait dépassé le péristyle ; les gens du monde et les gens de la rive droite montaient dans leurs voitures. Les étudiants croyaient encore être au spectacle, dévisageant les femmes et les jugeant bien à force de les juger mal.

M. de Montalbe était furieux ; c'était la première fois qu'il ne trouvait pas sa femme soumise. Il se sentait humilié parce qu'elle avait refusé de prendre son bras. Aussi, quand elle l'eut rejoint devant son coupé, il lui dit d'un ton sec :

— Vite ! vite ! vite ! vous voyez bien qu'il pleut !

Madame de Montalbe, qui était toujours dans son rêve, regarda le ciel comme si elle dût y trouver des étoiles.

— Comme elle est belle ! dit un étudiant qui ne l'avait pas encore bien vue.

Oui, elle était belle, même dans l'ombre ; sa blancheur avait le doux éclat de la lune ; ses yeux étaient deux étoiles. Et quelle grâce de roseau penché. Ce n'était pas une femme : c'était une vision.

Le mari, impatienté, sauta dans la voiture ; ce que voyant, madame de Montalbe lui dit avec dignité :

— Allez ! monsieur, allez ! je sais mon chemin.

M. de Montalbe n'était plus maître de lui.

— Vous devenez folle ! Ne vous imaginez-vous pas que je vais redescendre pour vous faire monter ?

— J'imagine, monsieur, que je m'en irai bien toute seule.

— Allez au diable si vous voulez !

Il n'y avait pas de valet de pied ; le mari fit signe au cocher de partir tout de suite.

Voilà donc madame de Montalbe, à minuit, sur la dernière marche du monument dramatique.

Sa sœur recevait ce jour-là. Elle se décida bien vite à aller chez sa sœur.

On avait bien un peu entendu autour d'elle

les gracieuses paroles de son mari. Elle s'indignait, mais sa figure gardait la sérénité du rêve.

— Ah ! dit-elle tout bas, si le *Passant* était là !

Or, le *Passant* était là.

Un grand étudiant blond que Harken connaît bien — le fils de sa belle-mère — suivait madame de Montalbe depuis l'avant-scène. C'est un paresseux qui n'a rien à faire, un rêveur qui ne craint pas de s'aventurer dans l'action. Il dit bravement à la jeune femme abandonnée :

— Madame, voulez-vous me permettre de vous offrir ma voiture ?

Elle le regarda. Il avait je ne sais quoi d'étrange et de poétique qui lui fut une vraie lettre de recommandation.

— Je n'ai pas eu, madame, l'honneur de vous être présenté ; mais à l'Odéon...

— Eh bien ! monsieur, dit-elle, comme si elle ne voulait pas réfléchir, j'accepte votre voiture.

— Ma voiture, reprit l'étudiant, la voilà.

Il ouvrit la portière d'un fiacre qui attendait un *Passant* ; puis, avec une grâce de chambellan, il offrit la main à madame de Montalbe pour qu'elle montât.

Il y avait là un peu de raillerie. Elle vit bien qu'il faisait la critique de son mari, mais elle ne songea pas à s'en fâcher. Elle trouva même tout naturel que l'étudiant montât dans le fiacre.

Mais comme elle tremblait ! comme elle appuyait ses mains sur son sein effaré !

— Si votre mari se ravise, madame, s'il veut vous accompagner, comme c'est son devoir, il y a encore une place sur le siége.

Madame de Montalbe trouva que le *Passant* n'y allait pas par quatre chemins. Mais son mari l'avait envoyée au diable, tout était bon contre lui.

— A propos ! dit l'étudiant, où voulez-vous que je vous conduise ?

Le cocher, à mi-place de l'Odéon, s'était retourné pour demander sa route.

— Je demeure rue de Lille, dit madame de Montalbe.

C'était un mensonge — ou plutôt un masque — car elle demeure rue Belle-Chasse.

— La rue de Lille, une rue bien triste ! s'écria l'étudiant ; n'allons pas par là.

— Eh bien ! dit madame de Montalbe, allons où il vous plaira.

— Cocher, rue Scribe !

— Pourquoi rue Scribe ? demanda madame de Montalbe après un silence. Je n'aime pas Scribe ; sa comédie n'est pas la mienne.

— Je comprends, madame ; vous êtes pour la comédie de Musset. Scribe n'est ni fou, ni fantasque, ni poète. Mais, ce soir, il se jouera rue Scribe une comédie qu'il n'a pas faite.

— Je ne comprends pas.

— C'est bien simple : rue Scribe, n° 5, un de mes amis qui s'est marié l'an passé donne un bal masqué où on s'amusera beaucoup, parce que nous lui avons tous promis d'y danser un quadrille de la *Closerie des Lilas*.

Disant ces mots, l'étudiant ouvrit son macfarlane, pour montrer à madame de Montalbe qu'il était en habit de bal.

— Nous trouverons chez lui des costumes de Pierrots. Quelle jolie Pierrette vous feriez !

Cette fois, madame de Montalbe s'indigna.

— Quoi ! monsieur, vous avez la prétention de me conduire au bal masqué ?

— Votre mari ne vous a-t-il pas envoyée au diable ?

Madame de Montalbe se mordit les lèvres.

— Pardonnez-moi si je vous ai offensée, reprit l'étudiant ; je ne suis ici que pour vous obéir. M. Tartuffe vous a dit ce soir qu'il est avec la vertu des accommodements ; nous allons, si vous voulez, passer chez Babin ; vous prendrez un domino sérieux, qui vous permettra d'assister dans la gravité de votre vertu au spectacle de notre folie. C'est bien parler, n'est-ce pas, madame ?

— Oui, monsieur, je veux bien un domino ; mais je ne veux être vue de qui que ce soit, pas même chez Babin.

— C'est bien simple : je sais votre taille, j'irai vous chercher le domino et le loup.

— Mais si votre ami voulait voir ma figure ?

— Non. Il n'y a pas de cabinet noir. C'est un homme d'esprit qui ne décachète même pas les lettres de sa femme. Un vrai directeur des postes. Et quelle bonne fortune ce sera pour lui de me voir entrer avec vous ! Car j'amènerai le mystère par la main. Vous serez, je crois, la seule femme tout à fait inconnue, c'est-à-dire le point lumineux de toutes les curiosités. Mais on aura beau chercher on ne vous devinera jamais aussi belle que vous l'êtes.

La parole un peu gaie de l'étudiant avait pris une note un peu sentimentale. Madame de Montalbe fut touchée au cœur.

On était arrivé devant Babin.

Dès que la jeune femme fut seule, il lui vint l'idée de décamper et de retourner chez elle. Mais n'était-elle pas prisonnière sur parole ? En tout il faut se soumettre au point d'honneur. Fuir, c'était lâche ; elle ne pouvait quitter l'étudiant qu'en lui disant adieu tout haut, face à face. Elle attendit donc, résignée à sa folie.

Lui, on le fit attendre. Il fut bien quelque peu inquiet.

— Si elle se ravisait ? Si je ne trouvais plus ni le fiacre ni la femme ?

Aussi eut-il une vraie joie quand il revit à

la portière l'adorable tête de la jeune femme.

Le reste du voyage fut charmant. Elle n'avait plus peur ni de lui ni d'elle-même. Il l'aida à mettre le domino. Ce n'est pas cela! c'est cela! On se trompait de manche. Un cahos faisait retomber la dame à demi soulevée. On riait. Sous prétexte de défriper le satin, il lui caressait les bras. Avant de mettre le capuchon, il lui toucha les cheveux. Avant de poser le masque, il lui baisa les yeux comme si le mouvement de la voiture l'eût porté là.

Arrivée rue Scribe, madame de Montalbe eut encore l'idée de s'en aller, mais ils étaient à deux de jeu : l'étudiant avait trop le désir de la présenter dans le monde.

— Une princesse anonyme! dit-il à son ami. Ne t'inquiète pas : j'ai vu la marque de fabrique.

L'amphitryon gronda l'étudiant parce qu'il arrivait trop tard.

— Passe tout de suite dans ma chambre et va t'habiller en Pierrot. Tout le monde réclame le fameux quadrille.

— On y va! on y va!

La princesse anonyme glissa comme une ombre à travers les femmes panachées.

C'était un monde d'avocats, elle n'y connaissait personne, elle ne craignit donc pas d'être reconnue. Elle avait deux dominos pour un.

L'étudiant reparut bientôt en Pierrot, cherchant sa Colombine.

Il vint à elle et continua à jouer le rôle du *Passant*, moins la mandoline, lui débitant des phrases plus ou moins sentimentales, plus ou moins carnavalesques, avec l'accent de Sarah Bernhardt.

Enfin le quadrille commença. Jusque-là madame de Montalbe s'était demandé pourquoi il y avait des danseurs. Comme elle ne dansait pas, elle trouvait bien ridicule ces messieurs de tous les âges qui s'évertuaient, la bouche en cœur, à des chassés-croisés. Quoi de plus comique que ces figures sérieuses qui vont, qui viennent, qui sautent, qui se dandinent comme si elles voulaient avoir leur place dans le groupe des Grâces? Elle se demandait si les hommes n'exécutaient pas une horrible pénitence. Condamnée à danser, c'était, pour elle, être condamnée aux travaux forcés des salons.

Mais devant le quadrille des Pierrots et des Pierrettes, madame de Montalbe changea d'opinion. Ce fut surtout l'étudiant qui bouleversa ses idées par sa haute fantaisie. Il était « éblouissant d'insenséisme. » Quoi qu'il fît, il avait le geste spirituel, il se moquait de tout le monde et de lui-même, il levait le pied par-dessus les toits, il enlevait les danseuses à la pointe de la main.

Madame de Montalbe aurait voulu être une des Pierrettes.

Étrange nature des femmes rêveuses ! Tout à l'heure c'était la figure poétique de l'étudiant qui l'avait prise; maintenant c'était sa gaieté. Tout à l'heure elle était dans le bleu, maintenant elle se jetait dans le carnaval. Quand le quadrille fut fini, ce ne fut pas l'étudiant qui alla à elle, ce fut elle qui alla à l'étudiant. Tous les compliments pleuvaient sur lui, mais il n'entendit que la voix de madame de Montalbe.

Elle lui prit le bras et elle l'entraîna dans un petit salon, à une de ces causeries charmeresses où les deux âmes se fondent en une. Il y a encore quatre ailes, mais il n'y a plus qu'un corps.

L'étudiant ne se fit pas prier pour être le plus passionné des hommes. La jeune femme ne se fit pas prier pour avouer qu'elle s'amusait bien.

Mais il était deux heures : mais il fallait pourtant retourner chez soi.

— Je vais vous reconduire, dit l'étudiant ; mes chevaux sont toujours en bas.

— S'il n'allait pas me conduire chez moi ! pensa madame de Montalbe.

Et pourtant elle se confia à lui.

Quand ils furent dans le fiacre, ils ne se dirent plus rien. Ils étaient tristes : elle, de retourner chez son mari ; lui, de retourner au bal. Aussi — j'en suis fâché pour M. de Montalbe — ils se prirent doucement dans leurs bras.

Il sembla à madame de Montalbe que son cœur allait éclater. Elle pleura. Il baisa ses larmes. Elle pleura encore.

— Rue de Lille, c'est bien triste ! dit une seconde fois l'étudiant.

— Oui, répondit-elle; le *Passant* ne vient jamais par là.

Un quart d'heure après, elle se réintégrait, la tête haute, dans le domicile conjugal. Son mari, inquiet et repentant, lui demanda grâce.

L'étudiant retournait au bal masqué.

Il ne dansa plus. Il avait mis dans la poche de son gilet une petite fleur prise dans les cheveux de la dame. Quand il voulut la respirer, comme pour mieux retrouver ses souvenirs, il prit en même temps le numéro du fiacre.

— Numéro 8,413 ! murmura-t-il.

Il ne put s'empêcher de sourire, quoiqu'il fût très sérieusement amoureux d'une femme qu'il ne devait jamais revoir.

— C'est pourtant là, dit-il, le numéro de sa vertu !

Il ne l'envoya pas au mari.

X

Comment madame de Valparay fut sauvée

Madame de Valparay est bien jolie et bien romanesque. Elle ne vit que par l'imagination, mais elle a peur de Dieu et elle regarde sa fille, un adorable joujou de chair, quand elle sent venir la tentation.

Elle fut tentée et se pencha vers l'abîme.

M. de Valparay arrive un matin chez l'abbé Carron, sa petite fille à la main, au moment où il allait sortir pour une de ses œuvres pieuses. M. de Valparay était pâle, il ne pouvait parler ; il froissait une lettre, il la présente à l'abbé Carron.

— Voyez, dit-il, cette lettre que je viens de

trouver, on a osé l'adresser à ma femme. Et ma femme est partie. Et je suis sûr qu'elle est allée là où on l'attend.

— Et qui a écrit cette lettre ?

— C'est M. de Berthald ; vous le connaissez, il faut que je sache tout de suite où il est.

— Je ne vous le dirai pas, dit l'abbé Carron. Quand votre femme est-elle partie ?

— Tout à l'heure j'ai traversé sa chambre, et j'ai trouvé cette lettre ; de grâce, dites-moi où demeure M. de Berthald ; si je n'arrive pas chez lui avant elle pour l'empêcher d'y entrer, je ne veux plus revoir ma propre maison. Voyez, j'ai emmené mon enfant ; je ne sais où j'irai, mais je sais bien où je n'irai plus.

L'abbé Carron regarda la petite fille et l'embrassa.

— Pauvre mère ! dit-il.

— C'est elle que vous plaignez ?

— Oui, car vous qui n'êtes pas coupable, vous vous consolerez ; mais elle, si elle est coupable, qui la consolera quand elle n'aura plus son enfant ?

Et, saisi d'une de ces inspirations qui l'entraînaient jusque sur les cimes les plus escarpées pour tendre la main à un pêcheur, il prit la petite fille dans ses bras, la porta dans sa voiture, serra la main du mari et partit au galop.

Une heure après, le coupé de l'abbé Carron inquiétait fort un jeune homme qui se promenait près de Ville-d'Avray, devant la grille d'un jardin, et qui semblait attendre avec impatience.

L'abbé Carron ne s'était pas trompé de chemin.

Bientôt une voiture de place, stores à demi baissés, arriva devant la grille. L'abbé Carron était descendu de son coupé ; il prit par la main la petite fille ; il marcha, avec sa grâce sévère et souriante à la fois, au-devant de la jeune femme, qui avait ouvert la portière, mais qui n'osait pas descendre.

Elle avait reconnu l'abbé Caron, elle avait reconnu sa fille.

Où cacher sa honte?

Il s'approcha d'elle ; elle était plus pâle que la mort ; il lui tendit la main, il ne lui fit pas un reproche, il ne lui dit pas un mot ; je me trompe, il lui dit : *Madame, voilà votre petite fille.*

La femme éclata en sanglots ; elle versa toutes les larmes de son cœur, elle tomba moitié agenouillée, moitié évanouie. L'abbé Carron referma la portière, monta dans son coupé et alla embrasser sa mère à Ville-d'Avray.

Un jour on lui raconta cette histoire.

— C'est un roman, dit-il avec son doux et charmant sourire.

— Oui, un roman comme vous les faites si bien.

Il voulut bien avouer qu'il avait eu plus de peine à ramener le mari que la femme. Dans sa charité tout évangélique, il avait voulu que le mari gardât le secret de la lettre, afin que la femme, pour leur bonheur futur, n'eût pas à rougir devant lui.

Mais une simple question que je voudrais poser devant les révérends pères jésuites : Madame de Valparay, qui a été sauvée miraculeusement par l'abbé Caron, doit-elle s'énorgueillir beaucoup devant les femmes qui ont péché ?

XI

Je viens de chez ma mère

Mademoiselle Georgina Romain était mal née, mais avec des mains pleines d'or; aussi sa mère lui avait payé pour homme légitime, un Grand d'Espagne, le comte de Riberya, qui n'avait que trois fois son âge. On n'a jamais mieux marié l'aurore avec le couchant.

Le comte était jaloux comme le soleil, mais la nuit est un sombre éventail qui met en garde contre le soleil. Et pourtant Georgina n'avait encore rien trouvé pour s'abriter des yeux indiscrets du Grand d'Espagne. Comme elle avait chez elle une salle de bains, elle ne pouvait pas imiter les petites bourgeoises parisiennes qui vont au bain en prenant le chemin des écolières. Si elle voulait aller à la messe, il allait à la messe, disant qu'il était trop bon chrétien pour ne pas faire son salut avec sa femme. Si elle allait au Bois, il allait au Bois; si elle allait dans le monde, il allait dans le monde. En un mot, il ne la quittait pas plus que son ombre, ce qui faisait dire à la pauvre femme en lisant la légende allemande :

— Ah ! bienheureux celui qui a perdu son ombre.

Elle trouvait que son mari l'aimait trop pour un homme seul, elle était emprisonnée dans les soixante ans du comte comme dans une cage de fer où pas un gentil oiseau ne chantait la chanson à madame.

Devant une pareille prison, qui donc viendra se hasarder aux sérénades ? Il ne faut désespérer de rien.

Le comte de Riberya, quand il conduisait sa femme dans le monde, ne lui permettait pas de danser, sous prétexte que ce n'était plus de son âge à lui. Il ne la perdait jamais une minute de vue soit dans les corbeilles de femmes, soit au buffet. Si un mécréant causait avec

Georgina, il allait droit à elle, sans souci de l'éloquence du tentateur.

La pauvre femme était exaspérée.

— Ah! comme je donnerais mon âme au diable! disait-elle souvent.

Le diable est trop bon apôtre pour ne pas prendre une femme au mot.

Le diable se présenta à celle-ci dans un bal du boulevard Malesherbes, ou plutôt ce fut une de ses amies qui lui présenta le diable...

— Ma chère Georgina, M. le baron de Lux vous trouve si jolie qu'il veut à toute force savoir si votre ramage ressemble à votre plumage.

Il restait deux fauteuils libres derrière les danseurs. La comtesse donna audience au baron de Lux. C'était un homme d'esprit qui avait autant de cœur que Rodrigue et qui avait l'art exquis d'égarer les femmes dans les sentiers les plus perdus de la causerie amoureuse.

Mais naturellement le mari survint. Il resta debout devant sa femme qui lui présenta le baron de Lux.

Les deux hommes se dirent quelques mots,

après quoi l'amoureux improvisé continua son jeu. Le mari, toujours debout, piaffait d'impatience ; il avisa un fauteuil à côté du baron de Lux. Une vraie planche de salut. Dès qu'il fut son voisin, il lui parla. Il fallut donc que le jeune homme se fît causeur en partie double. Que dis-je ? en partie triple, car il eut avec la femme deux conversations, l'une pour être entendue du mari, l'autre pour n'être entendue que de la femme, comme ce paysan qui abat ses pommes et qui de temps en temps donne un coup de gaule dans l'arbre du voisin.

Nous donnerons ici un exemple de cette conversation à l'usage des femmes qui vont dans le monde pour s'y amuser un peu, beaucoup, passionnément.

Le baron de Lux au mari : — Monsieur il n'y a qu'un beau pays au monde, c'est l'Espagne.

Se tournant vers la femme : — N'est-ce pas, madame, que l'Espagne est un paradis terrestre ?

— Monsieur, je n'y suis jamais allée.

— Ni moi non plus. Ah ! madame, que vous

serez heureuse quand M. de Riberya vous conduira en Andalousie !

— J'espère bien n'y jamais aller.

Le mari n'entendait pas parler la femme. Le baron de Lux prit sa bonne voix de Tolède.

— Monsieur, donnez-moi des nouvelles de Prim.

Mais pendant que le mari parlait, le baron dit à la femme :

— Est-ce qu'on trouve toujours le comte sur votre chemin ?

— Toujours.

— Pourquoi avez-vous pris ce compagnon de voyage ?

— On m'a dit qu'il faisait bonne figure dans le monde.

Le baron s'était tourné vers le comte.

— Alors, selon vous, Prim gouvernera l'Espagne ?

Et se tournant vers la femme :

— Comment, vous ne ferez pas, vous aussi, une petite révolution ?

— Si Prim était là, peut-être. Mais encore, comment mettre le feu aux poudres ?

— Une idée! Il faut commencer par le brouiller avec votre mère.

— C'est déjà fait. Mais il m'y conduit tous les jours et il m'attend dans la voiture.

— Sauvé, mon Dieu! s'écria l'amoureux. Je vous attendrai dans l'escalier.

— C'est impossible, la maison n'a que trois étages, ma mère demeure au second, mon mari connaît les gens du premier et du troisième.

— Où demeure votre mère?

— Boulevard Haussmann et rue de la Pépinière.

Le baron de Lux se tournant vers le mari :

— Ah! M. Haussmann, une grande figure! Il a fait sa révolution comme Prim.

Se retournant vers la femme comme s'il parlait toujours de M. Haussmann.

— Quoi, vous pouvez entrer boulevard Haussmann et sortir rue de la Pépinière? Sauvée, mon Dieu!

— Perdue peut-être! mon mari dirait que je vais à la caserne.

— Il ne vous verra pas sortir.

— Vous ne le connaissez pas. Il descend de

voiture avec moi et il me conduit jusqu'à la première marche de l'escalier.

— Oui, mais quand vous descendez ?

— Peut-être, mais il est toujours en éveil.

— C'est égal, je vous attends demain à trois heures, rue de la Pépinière. J'y vais souvent acheter des tableaux.

— Je n'irai pas.

Le mari écoutait de près.

— Vous parlez tableaux ?

— Oui, je conseillais à madame d'aller demain voir l'exposition de la vente San-Donato.

— De faux Greuze, monsieur, de faux Greuze !

— Ah ! monsieur, s'ils n'étaient que faux, cela me serait bien égal, mais ils sont mauvais.

L'amoureux se retourna vers la dame.

— N'est-ce pas que vous irez ?

— Non, je n'irai pas ; j'irai chez chez ma mère.

Le lendemain — en compagnie de son mari — elle alla — chez sa mère.

Cette fois, c'était comme l'oiseau qui s'envole de son nid, elle ne savait pas encore bien se servir de ses ailes. Mais M. de Lux lui montra le chemin : il l'entraîna tout effarée dans un petit entresol de la rue de la Pépinière où elle trouva des tableaux. Mais elle ne les regarda pas.

Il y avait un beau feu dans la cheminée, un canapé engageant sur un admirable tapis de Perse. Et des fleurs partout, comme si ce fût la fête de la maison.

Tout cela avait été improvisé, mais tout cela était charmant.

Quand madame de Riberya remonta dans sa voiture, le mari fumait son troisième cigare.

— Dieu merci ! ma chère, vous avez un amour filial qui se porte bien !

— N'est-ce pas, mon ami ? Ah ! si vous saviez comme j'aime ma mère !

— Je voudrais bien savoir ce que vous pouvez vous dire pendant une heure.

— Que voulez-vous ! on entre, on s'embrasse, on se prend les mains, on parle, on écoute, on ne sait ce qu'on dit, c'est charmant ; on s'embrasse encore et on s'en revient très heureuse.

— Ma chère Georgina, si vous m'aimiez un

peu plus, vous n'iriez voir votre mère que deux fois par semaine.

— Deux fois par semaine! Mais vous voulez me faire mourir de chagrin! Vous êtes avare de moi. Quoi, je vous donne vingt-trois heures par jour et vous n'êtes pas content? C'est bien le moins que je donne une heure à ma mère.

— C'était donc la fête de votre mère, puisque vous en rapportez ce camélia?

— Non, c'est la fête de mon cœur, puisque je viens de chez ma mère.

XII

Mademoiselle Aline

Tout le monde,—monsieur Tout le monde, a vu souvent passer au Bois une femme — légère — d'une rare distinction et d'une nonchalante perversité. Elle a des yeux rayonnants et ténébreux comme la mer dans son flux ; on ne peut pas la regarder sans l'aimer ou la haïr : ceux qui ne l'aiment pas finissent par l'aimer, ceux qui l'aiment l'aiment toujours, car elle a ce charme pénétrant et voluptueux qui tient du sortilége ; on dirait que les charmeuses du moyen âge lui ont enseigné leurs maléfices.

Un élève de M. Ingres a peint le portrait de la dame, et il a réussi, comme par miracle, à la représenter dans toutes ses séductions et dans toutes ses magies. Elle est peinte debout ; son grand œil vous regarde et vous prend ; sa bouche, vaguement entr'ouverte, commence un sourire tout à la fois charmant et railleur ; elle affiche, par son castume, la simplicité des vraies duchesses.

Le portrait passionne, l'original affolle.

Mais on se demande ce qu'est devenue mademoiselle Aline, car on ne la voit plus ni an Bois, ni aux danses de Laborde, ni aux fêtes de la Grenouillère, ni dans les avant-scènes des théâtres de genre.

Elle a divorcé avec Satan, elle a versé sa première larme de Madeleine, car il y a une Madeleine chez toute femme légère.

Un jour de pluie, qu'elle s'était abritée dans une église, le miracle de la foi s'était fait en elle ; elle avait rougi — pour la première fois de sa vie ; — elle était retournée dans sa famille après avoir fait vendre, au profit des pauvres, les meubles et les bijoux qui ne lui avaient rien coûté, croyant que c'était là une manière de s'en laver les mains.

Elle alla se cacher dans un petit village entre Chantilly et Senlis.

On se rappelle le mot d'une courtisane anglaise à qui on demandait : « Que feriez-vous si vous aviez cent mille livres de rente ? — Je me donnerais un grand luxe : celui de n'avoir pas d'amants. » C'est ce luxe-là que voulait se donner mademoiselle Aline.

Elle vient de se donner le luxe d'un mari.

Messieurs les chefs de rayon, messieurs les pianistes, messieurs les crevés trois fois crevés font de temps à autre le bonheur de ces dames en leur donnant la main par devant notaire. Les premiers travaillent pour de l'argent, les seconds font du sentiment en faisant une affaire, les troisièmes rentrent dans leurs fonds. Tant il est vrai que le mariage est une station fatale qu'il est bien difficile de franchir à pieds joints. Ceux qui sont devant la station désirent y entrer, ceux qui y sont désirent en sortir. L'homme est toujours un malade qui se retourne de l'autre côté.

Ce fut un joli crevé qui, rencontrant Aline sous les ombrages de Chantilly, lui donna son nom sans vergogne.

Il avait une écurie de course, mais ses chevaux ne gagnaient pas leur avoine. Il était sur le point d'être vendu dans la personne de ses chevaux, il se croyait déshonoré de n'avoir gagné aucun prix, il lui en coûtait peu de donner son nom à mademoiselle Aline.

Il s'appelait le vicomte d'Arcis, elle devint donc la vicomtesse d'Arcis. Le mari se hasarda avec Aline à un bal de l'Hôtel-de-Ville.

Aline avait si bien oublié ses fautes qu'elle se croyait oubliée elle-même.

— Que vois-je ! dit Sommerson en saluant la blanche épousée. Vous ne me reconnaissez pas ?

— Comment vous reconnaîtrai-je, puisque je ne me reconnais pas moi-même.

— Madame n'est pas ma maîtresse, c'est ma femme, dit gravement le vicomte d'Arcis. N'avez-vous donc pas reçu de lettre de faire part ?

Lord Sommerson fit un demi-tour, il avait beaucoup trop connu Aline pour prendre ce mariage au sérieux.

— Celle-là est trop forte ! disait-il ; épouser sa maîtresse, c'est déjà une folie, mais épouser la maîtresse de tout le monde, c'est aller plus loin que Charenton !

On faisait cercle autour de la jeune femme, mais on ne pouvait pas s'approcher d'elle. Elle portait son titre de vicomtesse avec quelque humilité; elle aurait bien voulu être chez Laborde ou chez Cellarius, mais il fallait bien qu'elle fît pénitence.

Elle n'a pas reparu dans le monde. Le vicomte d'Arcis s'est passionné pour une petite villa dans la forêt de Chantilly où il fait courir des ânes en courant lui-même.

Il se fuit, mais Confucius a dit : Quand tu auras fait une forte bêtise, tu auras beau t'en aller bien loin, la bêtise sera toujours du voyage.

XIII

Les sept femmes de la Barbe-Bleue

On reparla d'un second scandale causé à l'Hôtel-de-Ville par la présentation d'une autre demoiselle — un nom de fleur — par le prince du Silence.

Les révolutions étrangères nous ont amené à Paris beaucoup de princes qui ont perdu leurs principautés, mais qui n'en sont pas moins restés bons princes ; quelques-uns même sont devenus de plus grands princes.

Il en est un dont on parle beaucoup et qui ne dit rien : on l'appelle le prince du Silence. Tout enchâssé dans ses diamants, il a quelque chose de mystérieux et de terrible. Et pourtant, ce n'est pas faute « d'embellir la nature, » car il se peint avec beaucoup d'art, mais peut-être avec un certain abus des tons roses, ce qui lui donne un air de parenté avec les rois cafres. C'est, d'ailleurs, un homme du meilleur monde, — s'il y a un monde meilleur, — qui a l'esprit de vivre à Paris comme un rajah. Il porte sur la tête non pas sa couronne ducale, mais un magnifique écheveau de soie du plus beau noir de corbeau. Perruque pour perruque, j'aime mieux la perruque en soie ; on ne risque pas d'attraper l'esprit d'un autre, comme cela était arrivé à ce personnage de la cour de Louis XIV, qui avait acheté la perruque de Descartes et qui était devenu un philosophe cartésien.

Ce portrait n'est pas un portrait de fantaisie, je pourrais signer *Nadar pinxit*.

Le prince du Silence habite un château rose, car il est voué au rose, sur une des sept montagnes de Paris. Ce château, c'est une forteresse toute hérissée de grilles et de chardons. Le vulgaire n'en a jamais franchi le seuil ; le prince a-t-il donc une cour de princes ? Ne reçoit-il que des princesses de théâtre ? Je ne sais. Mais ce que je sais bien, c'est la légende que je vais vous conter...

Quand le prince du Silence était prince sur ses terres, il était fort amoureux, de qui ? — De toutes les femmes de sa principauté. On assure même que, pour varier encore, il braconnait sur les principautés voisines. La chronique ne lui donnait pas précisément sept cents femmes comme au grand roi Salomon, mais on disait tout bas que sept femmes, les plus belles du pays, avaient disparu pour avoir été trop aimées par le prince.

L'histoire de la Barbe-Bleue était traduite et commentée par tous les savants et toutes les commères.

Les journaux des États voisins s'étaient élevés contre ces derniers burgraves du despotisme qui croyaient, par la grâce de Dieu, avoir droit de vie et de mort sur leurs sujets. On ne disait pas, en le voyant passer, le mot du grand magistrat : *où est la femme ?* on disait : *où sont les femmes ?* Le prince du Silence restait plus silencieux que jamais.

Quand les vents contraires l'eurent descendu à Paris (car ses carrosses ayant versé et son yacht ayant fait naufrage, il a juré de ne plus jamais voyager ni par terre ni par mer, toujours en ballon), la légende des sept femmes disparues avait traversé les airs avec lui. On ne disait pas la Barbe-Bleue, mais la Perruque-Bleue.

Or, à Paris, il a continué son rôle de prince à bonnes fortunes. Une demoiselle de je ne sais quelle condition, — je me trompe, c'était une comédienne des Folies-Marigny, — s'en alla une nuit, après le bal de l'Opéra, souper avec le prince dans son château rose, espérant boire à son dessert une de ces petites rivières de diamants qui sont devenues proverbiales. Elle connaissait la terrible légende des sept femmes disparues et elle y croyait comme au prince Charmant.

— Et pourtant, se disait-elle, je me rappelle, malgré moi, l'histoire de la Barbe-Bleue.

Ils entrèrent.

— Savez-vous, dit-elle au prince, qu'on se croirait ici dans le château de la Belle-au-bois-dormant?

— Et si vous alliez ne pas vous réveiller

demain matin? dit le prince d'un air tragi-comique.

Elle essaya un sourire, mais elle frissonna.

Les valets, à l'exemple du maître, avaient tous l'air solennel et mystérieux que donne le silence. Ils obéissaient sans parler, comme des statues descendues de leur socle.

Cependant un beau souper, un souper de prince, qui fut servi comme par enchantement, vint égayer un peu la comédienne.

Vous vous imaginez peut-être que les femmes de théâtre sont des esprits forts qui ne croient à rien? Elles croient à tout, même aux drames qu'elles jouent. Combien n'ai-je pas vu de fois madame Suzanne Brohan causer gaiement avec Madeleine dans la coulisse et s'émouvoir jusqu'aux larmes presque au même moment quand sa fille, rentrée en scène, traduisait la passion de ses héroïnes. Et pourtant Madeleine Brohan est plutôt une actrice pour rire qu'une actrice pour pleurer.

Donc, ne vous étonnez pas que notre comédienne du bal de l'Opéra n'ait pas joué à l'esprit fort en entrant à trois heures du matin dans les mystères du château rose. Plus d'une n'y serait pas entrée du tout. Mais la rivière de diamants !

Elle se mit à table; on lui servit un homard, des crevettes, des écrevisses, du saumon; tout était rose, même les truffes. Je n'ai pas besoin de dire qu'on ne versa que du vin de Champagne rosé. La comédienne fut moins morose.

Elle essaya quelques mots, elle tenta de se griser avec son esprit, mais elle ne réussit pas. Elle avait beau faire, les sept femmes disparues passaient comme des ombres sanglantes dans son imagination.

— Prince, vous connaissez le conte de la Barbe-Bleue? On m'a dit que vous aussi vous aviez une clef tachée de sang?

— Ah! oui, dit le prince, je sais : — on dit que mon amour donne le vertige.

— On ne m'a pas dit cela; on m'a dit que votre amour donnait des diamants.

Le prince était devenu rêveur.

Comme on ne voulait pas s'éterniser à table, on passa dans une pièce du plus haut style moyen âge.

— Quelle porte! dit la comédienne de plus

en plus effrayée ; eh quoi ! un salon avec une porte toute capitonnée en fer !

Le prince répondit comme le loup du Petit-Chaperon-Rouge :

— C'est pour mieux vous garder, mon enfant.

La porte massive s'était refermée sur l'amoureuse ; il n'y avait plus à s'en aller. La comédienne tomba comme foudroyée sur un canapé.

— Prince, je reviendrai demain, si vous voulez ?

— Mais pourquoi êtes-vous si pâle ? Est-ce que vous vous figurez que nous sommes à la tour de Nesles ?

Ce mot de tour de Nesles ne rassura pas la comédienne.

— Prince, je vous en prie, appelez vos gens !

— Jamais ! Quand je suis ici, le tonnerre lui-même n'entrerait pas, d'autant qu'il y a un paratonnerre sur mon hôtel.

— Mais songez donc, prince, que je me trouve mal !

Le prince ouvrit une porte ; la comédienne

poussa le plus beau cri tragique qui fut jamais entendu sur un théâtre.

— Au meurtre ! on m'assassine !

Que venait-elle de voir par la porte entr'ouverte ? — Spectacle effrayant ! elle avait vu sept têtes ! — Elle courut tout éperdue vers le prince et lui dit avec la fureur de l'effroi :

— Les voilà, ces sept femmes disparues !

Le prince, effrayé à son tour, car il croyait que la comédienne était folle, lui prit ses blanches mains et lui dit que tout cela était un conte bleu.

— Un conte ! dit la comédienne en montrant les sept têtes dans l'ombre.

Cette fois, le prince partit d'un éclat de rire à tout briser.

Il entraîna violemment la belle dans son cabinet de toilette :

— Vous ne voyez donc pas que ce sont mes sept perruques ?

— Sept ! dit la comédienne rassurée, pourquoi sept perruques ?

Le prince dit d'un ton grave :

— Une pour chaque jour de la semaine, est-ce donc trop ?

— Et les sept femmes disparues, s'il vous plaît! qu'en avez-vous fait

— Mais, ma chère, les femmes qui viennent chez les princes sont des oiseaux voyageurs. Vous dites sept, don Juan dirait sept mille. Elles ront parties comme elles sont venues.

— J'aime à croire, dit la comédienne, qu'elles sont parties avec la rosée de diamants du matin.

— Ma belle amie, je n'ai jamais compté mes diamants et je n'ai jamais vu lever l'aurore.

Or, ce fut cette comédienne que le prince conduisit à l'hôtel-de-ville un soir où il n'y avait que dix mille personnes.

Aussi la reconnut-on tout de suite dans la lumière des diamants.

Ce furent les courtisanes du monde qui s'indignèrent — de voir tant de diamants!

XIV

La demi-duchesse ou les misères de l'argent

Les conteurs d'histoire continuaient à montrer des taches au soleil.

Il serait curieux pour l'esprit, à l'heure où il y a tant de chercheurs d'or, d'étudier ceux qui cherchent encore le bonheur ; ce sont les retardataires.

Le bonheur, c'est le rêve du lendemain, — même à l'heure de la mort !

Il y a à Paris des hommes qui passent pour être heureux et qui le sont un peu moins que les autres, parce qu'on ne leur reconnaît ni esprit, ni talent, ni caractère. On dit : — C'est un homme heureux, — et tout est dit.

On disait d'Alfred Eberstein : « C'est un homme heureux. »

Alfred Eberstein est un vrai Parisien sous son masque d'outre-Rhin. Il est né à Paris, et ne conserve, comme souvenir de son origine, que du vin de Johannisberg, récolté dans les vignes de sa grand'mère, un peu cousine du prince Metternich.

Alfred est né dans la haute banque. Il a appris à pleurer, à rire et à chanter sur l'air des pièces de cent sous. Aussi, quand il fut au collége et qu'on lui enseigna, dans les philosophes, le mépris des richesses, il décida dans sa sagesse que les philosophes avaient raison. On lui avait tant parlé d'argent à la maison, que la science, la liberté, la poésie, lui semblaient les vraies déesses de la fortune.

Quand il sortit du collége, il envia beaucoup le sort des pauvres diables qui avaient étudié avec lui et qui allaient suivre leur destinée, qui dans les arts, qui dans les lettres, qui dans les hasards des combats et des voyages. Quelques-uns, il est vrai, lui empruntaient un louis (né banquier, il était déjà le banquier — *in partibus* — de tous ses amis) ; mais il se disait que son argent serait plus gai dans leurs mains que dans les siennes.

Retenu dans les devoirs de la maison, — je veux dire de la banque paternelle, — il ne vivait qu'à demi, sa jeunesse portait un cilice, il allait tristement à la Bourse en songeant au musée du Louvre. Il se croyait un peintre et il se résignait à voir peindre les autres. Il avait de beaux chevaux ; mais quand il était en calèche à quatre chevaux pour aller parier aux courses de la Marche et qu'il rencontrait à pied un de ses insouciants amis, il disait tristement :

— Ce n'est pas moi, c'est lui, qui mène la vie à quatre chevaux.

Il avait beaucoup d'esprit, mais le monde ne lui accordait que beaucoup d'argent.

Dès qu'on le rencontrait, on ne lui demandait des nouvelles ni de son cœur, ni de ses rêves, ni de ses études, ni de ses amis ; mais de la Bourse, du trois pour cent, du crédit de San Francisco, du chemin de Tombouctou et de la banque de Seringapatam.

Il avait une figure intelligente et bonne, qui pour tout autre eût été la beauté ; mais il était comme ces portraits de maîtres qui sont éclipsés par les richesses du cadre. Au lieu de voir sa figure, on voyait son or.

Il n'était pas comme Fontenelle, qui fermait ses mains pleines de vérités, il ouvrait ses mains pleines d'or. Il n'avait dans sa chambre qu'un tableau, c'était *la Charité* d'André del Sarte, qu'il avait copié lui-même quand il espérait devenir peintre. On ne lui demandait jamais deux fois son argent pour une bonne œuvre.

Alfred aimait à sortir à pied pour deux raisons. La première, pour fureter chez les marchands de bric-à-brac ; la seconde, pour faire, comme il le disait, l'aumône de la main à la main.

— Comme tu caches les louis que tu donnes ! lui dit un jour un de ses amis.

— C'est pour ne pas décourager ceux qui donnent un sou, répondit-il.

Vint un coup de bourse qui le ruina d'un seul coup, parce qu'il ne voulut pas ruiner les autres. Il paya tout le monde, excepté lui, après quoi il courut à l'atelier d'Eugène Delacroix.

— Enfin, lui dit-il, me voilà libre : tout mon

temps et pas une obôle! J'ai dépensé mes derniers louis pour acheter une palette et des pinceaux. Moi aussi j'ai droit au travail.

Eugène Delacroix, qui était un philosophe, l'embrassa pour ce beau trait de résignation.

— Mais j'y songe, lui dit-il tristement; si ceux qui nous achètent des tableaux se mettent à en faire, si tout le monde a droit au travail, il n'y a plus d'art possible. D'ailleurs, je suis un mauvais maître; allez au Louvre, peignez pendant un an des figures de Paul Véronèse; la seconde année, peignez l'*Antiope* de Corrége; la troisième année, peignez sous l'inspiration de Léonard de Vinci. Après quoi vous serez un peintre, car si vous n'avez pas le génie en vous, vous vous rebuterez au bout de six semaines.

Alfred comprit qu'il était trop tard.

— Je suis destiné à traîner mon boulet d'or et d'argent, dit-il en rentrant chez lui.

Au bout de quelques jours un des rois de la finance l'appela et lui demanda des conseils sur de nouvelles institutions de crédit. On avait le chaos sous la main, Alfred y répandit la lumière.

— La Turquie vous devra sa fortune, lui dit le grand financier quelques jours après.

— Je la tiens quitte, répondit Alfred.

— Je vous forcerai à redevenir riche.

— Eh bien ! je me laisserai faire : il faut bien se résigner à son sort. Je suis né riche, je mourrai riche. Mais, comme disent les vaudevillistes, la fortune ne fait pas le bonheur. Si j'étais né pauvre, je ne voudrais pas m'enchaîner dans les richesses ; malheureusement j'ai l'habitude de remuer beaucoup d'argent, et, depuis que je suis ruiné, je me crois un général sans soldats. Refaites-moi donc riche.

Alfred rouvrit sa banque, le crédit lui revint les millions s'enhardirent et frappèrent à sa porte. Au bout de quelques jours, les millions faisaient queue dans la cour de son hôtel.

— Maintenant, dit-il un matin d'un air décidé, je veux que ma fortune ne serve qu'à mon bonheur.

Il alluma un cigare, et s'en alla se promener sur le boulevard des Italiens.

Une jeune fille vint à passer à côté de lui.

Elle était si belle et si pâle, elle marchait avec tant de distinction, elle semblait si dédaigneuse de se montrer à tous les désœuvrés armés du lorgnon, qu'il vint à Alfred cette belle idée que cette jeune fille était son bonheur qui passait sur l'asphalte.

Mais il se rappela la légende allemande : « Le bonheur a un frère qui marche toujours « avec lui : c'est le malheur.

— Il faut que je voie son pied, dit Alfred en dépassant la jeune fille.

Il n'était pas assez physionomiste pour voir le pied d'une femme sans le regarder.

Nous ne sommes plus au temps où l'on voyait le pied d'une femme de quelque côté qu'on la regardât passer. Les robes à queue ont été inventées par la reine Berthe aux grands pieds.

Mais le pied de la jeune fille ne sortait pas de dessous sa robe.

— Cependant, dit Alfred, je ne permetrai jamais à mon cœur d'être amoureux d'une femme dont je n'aurai pas vu le pied.

Il fut enfin servi à souhait. Une rafale venue de la rue du Helder prit en pleine voile la robe de la jeune fille et la souleva jusqu'à la cheville.

— Le joli pied ! dit-il tout haut, emporté par son admiration.

La jeune fille rougit, mais lui sut gré de cette exclamation. Tant d'autres, au passage, n'avaient parlé que de ses beautés plus visibles.

Il était seulement onze heures et demie du matin. D'où venait cette jeune fille, avec sa figure poétique et son joli pied ?

Si je savais seulement où elle va ! se demanda Alfred.

— Je le sais bien, lui répondit un de ses amis qui le voyait jouer cette comédie sentimentale et qui se posa devant lui comme sa conscience. — Cette belle fille vient de l'amour et elle va à l'amour, — comme Alfred Eberstein vient de l'argent et va à l'argent. — Je vois encore que si l'argent veut connaître l'amour, l'amour veut connaître l'argent.

— Ah ! c'est toi, murmura Alfred, qui n'écoutait pas. N'est-ce pas qu'elle est merveilleusement belle ?

— Elle est aussi belle que tu es riche. Aussi, je suis sûr que la destinée des amoureux vous a jetés tous les deux sur le boulevard ce matin pour que celui qui cherche l'amour rencontre celle qui cherche l'argent.

— Tu calomnies cette femme. C'est quelque héroïne de Shakespeare, Ophélie ou Juliette.

— Oui, Ophélie ou Juliette qui vient de déjeuner d'un roastbeef et qui se promène avec le miroir aux alouettes.

Celui qui avait parlé ainsi était un poëte, — un simple poëte, — qui venait sur le boulevard faire sa petite bourse. Il ne croyait à rien, pas même à ses vers, ce qui est le dernier mot du scepticisme.

Le plus poëte des deux, c'était le banquier, car le banquier avait gardé la jeunesse du cœur, le poëte avait dépensé le sien comme un enfant prodigue qui n'a pas d'autre argent comptant.

C'étaient deux camarades de collége : le premier était allé à la poésie, le second à l'argent. Mais le poëte cherchait l'argent pour bâtir son bonheur, tandis que le banquier voulait sortir de son argent pour être heureux.

Cependant ils suivaient toujours la jeune fille.

— Tu vois bien cette jeune femme que nous suivons comme un mirage, dit Alfred ; je ne sais pourquoi je m'imagine que mon bonheur est attaché à ses pas, ou plutôt que mon bonheur c'est elle.

— Eh bien ! dit le poëte, je t'en fais mon compliment : tu choisis bien l'image de ton bonheur. Tout le monde voudrait voir ainsi son bonheur marcher devant soi.

A cet instant, un flot de promeneurs arrêta au passage les deux amis.

— Vous ne savez pas la nouvelle ? On dit que nous aurons la guerre.

Alfred pâlit.

— Je vends quarante-cinq mille francs de rentes dont un. — Je vends quatre-vingt-dix mille dont dix. — Je vends ferme. — Je vends à prime.

En un mot tout le monde voulait vendre. On craignait une forte baisse. Le jeune banquier était surchargé de mille et une valeurs qui allaient perdre vingt cinq pour cent.

— Ah ! mon Dieu ! dit-il tout à coup à son ami, j'ai perdu de vue cette jeune fille.

Mais le poëte lui-même n'était plus là, il

vendait tout ce qu'il avait — et tout ce qu'il n'avait pas.

Durant tout un mois, Alfred s'enferma dans sa banque comme dans une citadelle battue en brèche. Il mettait toutes ses forces en mouvement pour conjurer la baisse, cette ennemie dévorante qui engloutit tant de fortunes à cet horrible et bruyant festin qui commence à la Bourse et qui finit au passage de l'Opéra.

Il voyait çà et là passer dans son imagination envahie par les chiffres, la pâle et charmante apparition du boulevard des Italiens. Mais il avait beau vouloir s'arracher à ses préoccupations pour suivre cette fraîche image, il lui semblait la voir tout habillée de titres et de rentes, d'actions de chemin de fer, de billets de banque, comme Mozart amoureux, qui voyait toujours la robe de Sophie Arnould, rayée comme un papier de musique et bariolée des airs de Don Juan.

J'oubliais de dire qu'Alfred avait une ou deux maîtresses. Comme il était beau et spirituel, on le prenait sans doute pour sa figure et son esprit? Nullement, on le prenait comme banquier. Certes, c'était un homme de qualité;

mais on s'obstinait, dans le monde galant, à ne voir en lui qu'un homme de quantité. Et, comme on en abusait sans vergogne! C'était l'homme des délicatesses et des raffinements ; il avait l'art de donner comme les coquettes ont l'art de prendre ; mais on ne lui tenait compte de rien : on ne lui permettait pas de mettre son cœur en scène ; on ne lui montrait de beaux yeux qu'au moment de faire un lansquenet. Il se résignait à être un homme d'argent et à faire du bien sans le dire.

— Je prendrai ma revanche, disait-il de temps en temps. Et moi aussi j'aurai mon jour de temps perdu!

Mais il pensait avec désespoir que le temps perdu, — ces heures d'amour qui tombent du sein de Dieu, — en heures nouées par le fil de la Vierge, — ces refrains d'une belle chanson qu'on chante à deux dans l'oubli du monde, — était le refuge, la consolation, la moquerie de ceux qui n'ont rien.

Avoir le temps et savoir le perdre, c'est presque avoir le bonheur et la science du bonheur!

Un soir, Alfred avait réuni quelques camarades pour jouer au baccarat. Comme de coutume, on salua son bonheur en entrant dans son salon.

— Mon bonheur! dit-il avec colère, pourquoi me rappeler qu'entre vous tous je suis l'homme le plus malheureux?

— C'est un paradoxe, lui dit un fils de famille qui avait un conseil judiciaire; nous savons tous que l'or rit et ne pleure pas.

— Vous êtes des enfants, vous ne connaissez pas les misères de l'or : l'or ne rit jamais et pleure toujours.

— Oui, nous connaissons le refrain. Il y a là dessus une belle fable de La Fontaine, *le Savetier et le Financier*. La Fontaine l'a mise en pratique : il est mort pauvre, mais malheureux.

— La sagesse n'est pas absolue, non plus que la vérité, même dans les fables de La Fontaine; par exemple, dans la *Cigale et la Fourmi*, c'est la cigale qui a raison.

— Qui t'empêche d'être la cigale ?

— Après avoir été la fourmi, n'est-ce pas ? Ce qui m'empêche, c'est que je suis cloué au gibet de la fortune. C'est que tout ce qui est ici est à tout le monde. L'argent me possède, et je ne possède pas l'argent. On dit que noblesse oblige, fortune oblige doublement.

— Oui, nous savons tes vertus ; mais la fortune n'oblige pas tout à fait à se sacrifier aux autres. Il faut vivre pour soi, — et pour ses passions, — être heureux en un mot.

— Mon cher, les gladiateurs étaient nus pour aller dans l'arène. Pour aller au bonheur, il ne faut pas être surchargé. Comment aurais-je l'esprit libre sous le fardeau des affaires, obligé d'écouter chaque jour cent personnes, dont pas une ne parlera ni à mon cœur ni à mon esprit ? La question d'argent est toujours là sur ma tête comme l'épée de Damoclès.

— Rassure-toi, mon cher Alfred, l'épée de Damoclès n'est jamais tombée.

— C'est précisément parce qu'elle n'est jamais tombée qu'elle est plus terrible. En tombant, elle pourrait vous manquer ; en demeurant sur votre front, elle tue votre esprit. Que ceux qui ne sont pas millionnaires me pardonnent de parler ainsi, ils savent que je n'ai pas la fatuité des millions. Je porte ma fortune avec la résignation du prisonnier qui porte sa chaîne ; mais, puisque je n'ai ici que des amis, j'ouvre mon cœur et je me confesse malheureux sur mon argent comme Job sur son fumier.

Alfred parlait avec tant d'éloquence que nul ne touchait aux cartes ; on fumait, on buvait du thé et on écoutait.

— J'en appelle à Fernand, qui n'a plus aujourd'hui que le souvenir de sa fortune, parce qu'il a joué à la baisse sur le Turc. Qu'y a-t-il de changé pour lui, si ce n'est la préoccupation de l'argent en moins ? Le soleil se lève-t-il une minute plus tard ? Les alouettes sont-elles moins bien rôties ? Le livre qu'il lit est-il moins beau ? La femme qu'il rencontre est-elle moins amoureuse ?

— Alfred est moins fou qu'il ne semble, messieurs, dit Fernand. Depuis que je n'ai plus rien, j'ai tout ; — J'ai une maîtresse qui m'aime et qui me venge de celles qui n'aimaient que mon argent. Aujourd'hui, à l'heure de la Bourse, savez-vous où je vais ? Je vais au Louvre et je passe deux heures avec Raphaël, Corrége, Rubens, Véronèse et les autres. Messieurs les agents de change ne m'ont jamais tant charmé, même les jours où ils me faisaient signe que la Bourse était bonne pour moi. Maintenant, je ne prends plus le journal par la queue pour y lire le cours des fonds publics ; je le prends par la tête pour y lire les progrès de l'esprit humain ! Ainsi, aujourd'hui j'ai vu qu'on avait découvert le moyen de gouverner les ballons et les femmes.

— Vous avez tous les deux raison, dit un troisième ; l'argent tient trop de place aujourd'hui dans la vie. Il envahit tout, à ce point qu'à tout instant il faut compter avec cet hôte tyrannique. Alfred se dit malheureux sur ses millions comme Job sur son fumier, moi, j'achèverai la parabole : l'argent est entré dans notre vie comme les maladies elles-mêmes ; la baisse de la rente me donne un coup au cœur, la baisse des fonds espagnols me donne une névralgie, la baisse du crédit foncier me donne un rhumatisme. Chaque fois que j'ouvre le journal du soir, — aïe ! je suis blessé par le Nord, — aïe ! je suis blessé par le Midi. — Aïe ! aïe ! aïe ! jusqu'au jour où le vertige me prendra et me jettera ma ruine.

— Savez-vous comment tout cela finira ? dit un quatrième. Nous irons tous rebâtir nos châteaux et cultiver nos terres abandonnées à l'ivraie. Ce jour-là, la France sera riche comme elle est déjà grande. Il y aura encore des juges à Berlin, mais il n'y aura plus de Prussiens.

Les amis d'Alfred furent si convaincus, ce soir-là, de l'abus des richesses, qu'il s'en fallut de peu qu'ils n'allassent jeter leur fortune à la Seine.

Ce qui rappelle beaucoup l'histoire de Chapelle, Boileau, La Fontaine et Molière, qui s'étaient mis en route pour se jeter à l'eau, — après boire !

Le poëte entra, qui les ramena à la vie réelle, et qui, après les avoir sermonnés, leur mit les cartes à la main.

— A propos, mon cher Alfred, dit-il au jeune banquier, j'ai retrouvé ce soir la beauté du boulevard des Italiens. Elle est à l'Opéra. Il paraît que je m'étais trompé, car c'est une jeune fille du monde, mademoiselle Valentine de Beaupréau ; mais aussi comment se promenait-elle sur le boulevard à l'heure de la petite Bourse ?

Alfred avait pris son chapeau et s'était éclipsé.

— Dirait-on jamais, reprit le poëte, qu'un homme qui passe pour une des cariatides du temple de la Fortune soit si fou ?

— Dans ses jours de raison, dit Fernand, car tout à l'heure il nous a prouvé qu'il était le huitième sage de la Grèce.

Ce soir-là, à l'Opéra, on jouait le *Prophète*. Depuis ce soir-là, Alfred jure que Meyerbeer vaut deux fois Rossini.

C'est aussi l'opinion de mademoiselle Valentine de Beaupréau.

Alfred s'était tapi à l'orchestre pour s'enivrer de tous ses yeux, — il en avait cent ce soir-là, — du spectacle de cette jeune fille, si belle de sa jeunesse et si jeune de sa beauté.

A la chute du rideau, il alla monter la garde dans l'escalier, — car le spectacle n'était pas fini pour lui.

La jeune fille, plus blanche que son manteau de cygne, rougit en passant devant lui, comme l'aurore en passant devant le soleil.

— J'ai fait battre son cœur, c'est toujours cela, dit Alfred en la suivant.

— C'est ennuyeux ! on marche sur ma robe, dit Valentine à sa mère.

Et partant de là, elle souleva légèrement la gaze légère qui voilait son pied, — tant elle avait peur qu'Alfred ne la reconnût pas.

Il la suivit jusqu'à sa voiture, regrettant, pour ce moment-là, que sa main ne fût pas un simple marchepied.

Les chevaux partirent bruyamment, au grand galop, comme des chevaux bien nés et mal élevés. Alfred s'en alla en silence, tout ébloui encore par cette radieuse vision.

Quand il rentra dans son salon, le jeu était fort animé.

— Ah ! voilà un amoureux ! dit le poëte. Vite ! qu'il se mette à jouer, car il perdra.

— Je suis si malheureux, dit-il en souriant, que je vais encore gagner.

Et, en effet, sa fortune insatiable lui mit en main tout l'or de ses amis.

Il y avait bal à la cour le lendemain ; Alfred se fit présenter à la comtesse de Beaupréau, par le duc d'Ayguesvives.

— J'ai l'honneur de vous présenter M Eberstein, un homme de beaucoup d'esprit et de beaucoup d'argent, ce qui ne gâte rien.

— Ce qui gâte tout, dit Alfred en saluant la mère et en regardant la fille.

Il parla beaucoup, il dansa beaucoup : on le trouva charmant.

— Maman, dit mademoiselle Valentine à la fin du bal, prie donc M. Eberstein de venir après-demain à ton bal costumé.

La comtesse pria Alfred pour le surlendemain. Alfred demanda la permission de n'attendre pas si longtemps. Il rentra chez lui ivre-fou.

— J'avais désespéré trop tôt, le soleil va enfin se lever pour moi !

Il se disait ainsi mille extravagances, comme s'il eût découvert un nouveau monde.

Trois semaines après, on chantait alleluia à la petite église Saint-Eugène. Trois cents voitures obstruaient les rues voisines. Toutes les cuisinières du quartier faisaient queue sous le portail pour voir passer la mariée.

C'était mademoiselle Valentine de Beaupréau. Elle n'avait jamais été si belle. Toutefois, mesdames les cuisinières décidaient en conseil que la mariée aurait bien dû mettre un peu de rouge.

Alfred n'avait jamais été si heureux.

— Seulement, disait-il à son ami le poëte — qui avait signé comme témoin pour mettre la poésie dans l'acte de mariage, — je suis fâché de m'être marié dans une église bâtie en fer, décorée comme un théâtre, une église qu'on a osé mettre en actions !

— Nul n'échappe à sa destinée, dit le poëte, c'est l'église du diocèse de la banque. Tu n'en es pas moins bien marié pour cela.

En attendant le dîner, on alla voir un petit château à Saint-James, qu'Alfred avait acheté tout exprès pour sa lune de miel. Mademoiselle Valentine était charmante. Alfred lui parlait du sacrifice qu'elle faisait en perdant son nom et son titre, dans ce simple nom de Eberstein. Elle lui répondit qu'elle épousait un homme et non un nom; — que la jeune fille était la petite rivière qui se jette dans un grand fleuve, — et autres paradoxes plus ou moins hasardés. Jusque-là le mot argent n'avait pas été prononcé entre eux. Mademoiselle de Beaupréau avait, avec ses vingt ans et sa beauté, cinq cent mille francs de dot, ce qui faisait dire à Alfred qu'on ne l'avait pas pris pour ses millions.

Le soir on se mit à table pour un des plus splendides festins de la vie moderne, où planaient les ombres affamées de Lucullus et de Brillat-Savarin. Tout le monde enviait Alfred, qui avait sous la main la fortune, la beauté, l'amour, l'amitié, toutes les fêtes du cœur et des yeux, toutes les joies de l'âme et du corps.

— Eh bien! lui dit un de ses amis, doutes-tu encore du bonheur?

— Chut! dit Alfred, le bonheur n'aime pas qu'on parle de lui.

Comme il disait ces mots, un convive entra tout effaré avec un journal du soir.

— Vous ne savez pas ce qui se passe? On fait des barricades!

Tout le monde pâlit. La mariée tendit avidement la main vers le journal. Alfred la suivit du regard avec surprise.

Mademoiselle Valentine, toute pâle d'inquiétude, précipita ses yeux sur le cours de la Bourse.

Alfred ressentit un coup au cœur.

— Elle aussi ! dit-il tristement. Et le jour de son mariage !

C'en était fait de son bonheur, puisque ce n'était qu'un bonheur d'argent.. Le soleil s'était levé pour lui, mais il venait de découvrir une tache au soleil !

Ah ! si mademoiselle Valentine n'eût aimé que l'argent !

Tant qu'elle ne songea qu'à avoir une grande fortune, la tache au soleil était imperceptible, c'était l'amour de l'or, mais c'était l'or de l'amour.

Hélas! un jour ils étaient devenus trop riches, elle jeta son esprit d'un autre côté.

Son mari n'avait pas de titre. Elle lui conseilla d'acheter un parchemin à Rome, à Florence, à Munich ou à Lisbonne. Elle trouvait que sa voiture manquait d'armoiries, ses gens l'appelaient « madame » tout court. Quand elle allait dans le monde, elle aurait voulu qu'on criât : « Les gens de madame la comtesse ! »

Le mari trouvait qu'il n'avait aucun titre pour avoir un titre.

Il voulut se contenter de celui de citoyen

libre qui se croit le maître du monde avec une armée de pièces de cent sous.

Cette résistance au ridicule exaspéra la jeune femme qui s'en plaignit un jour au duc d'Ayguesvives.

— Voulez-vous être duchesse ? lui dit-il, rien n'est plus simple.

Je ne sais pas si rien n'était plus simple, mais je sais que depuis cette rencontre la belle orgueilleuse passe la moitié de son temps avec le duc d'Ayguesvives.

Voilà pourquoi elle est duchesse la moitié du temps.

Maintenant il y a deux taches au soleil.

XV

Histoire de Jeanne Toutyva

Ce n'était pas seulement à l'hôtel de Paris que se contaient toutes ces histoires.

Quand les amis de Violette se retrouvaient ensemble dans le monde, ils continuaient à portraiturer les pécheresses à la mode, sans rancune d'ailleurs, car ils étaient trop philosophes pour vouloir réformer les femmes.

Madame de Montmartel avait promis à Violette de donner une fête exprès pour elle et de le dire tout haut. Celle-là n'était pas vaillante à moitié ; elle continuait à braver son monde avec le plus spirituel dédain. Comme elle était du faubourg Saint-Germain, elle avait pu tenir tête à la calomnie bien plus longtemps qu'une autre. On commençait d'ailleurs à se désarmer contre elle, non-seulement parce que son charme incroyable triomphait de tout le monde, mais parce que la vérité finit par vaincre la calomnie. Seulement si on doutait maintenant qu'elle eût des amants, on trouvait qu'elle avait pour Violette une amitié trop tendre. On ne comprenait rien à ce mariage sans divorce de deux âmes charmantes qui se fondaient l'une dans l'autre en haine des sots et des méchants.

Madame de Montmartel avait dit souvent :

— Ce que j'ai toujours cherché et ce que je n'ai jamais trouvé, c'est un amant qui caresse mon âme sans toucher à mon corps.

Violette n'avait-elle pas ces caresses-là ?

La fête fut splendide. Violette y fut accueillie avec une curiosité toute sympathique. Paris n'est pas trop méchant à celles qui ont scellé la passion par la fatalité.

C'était huit jours avant les belles folies du carnaval ; on péchait en toute hâte dans l'effroi du pâle mercredi des Cendres ; on festoyait partout, on dansait, on valsait, on cotillonnait. Dîners à dormir debout, soupers jusqu'à l'aube, ce n'était que sauteries et bals, festons et astragales. C'était en cette période terrible où tout homme de cœur est sur le point de devenir un instant le mari de toutes les femmes; la femme, la femme de tous les maris.

Il y a à Paris, au temps du carnaval, un tourbillon qui confond tous les cœurs, tous les désirs, tous les rêves, toutes les passions. Quand la mère de famille rentre chez elle, elle détourne la tête, car il lui semble toujours qu'elle a perdu quelque chose en route. C'est qu'en effet elle ne rentre pas tout entière. Elle a laissé au bal quelques-unes des vertus domestiques, qui ont été piétinées comme les chiffons, les fleurs et les perles tombés de son corsage.

Chez la comtesse de Montmartel, on avait annoncé un cotillon monumental. On avait ravagé huit boutiques de fleurs, on avait acheté une charrette de joujoux. C'était une orgie. Aussi le maître des cérémonies du cotillon devait-il inventer des pas nouveaux sur des airs nouveaux.

Au milieu du cotillon, parmi les vers de mirliton que débitait un valseur déguisé en charlatan, on remarqua un sonnet.

SONNET DU COTILLON

C'est un jeu d'autrefois, une danse de France,
Un ballet du vieux temps dans de vivants décors,
Une chaîne gauloise avec le diable au corps,
Où la gaieté décrit une circonférence.

On prend pour conducteurs les plus brillants Lindors,
On prend pour entraîneuse Anna, Blanche ou Laurence;
C'est un cercle infernal, escarpé d'espérance,
Et l'on y peut rentrer quand on en est dehors.

Le bal a commencé par de nouveaux quadrilles
Bourrés de trémolos et saccadés de trilles;
Déjà l'on a dansé, valsé, polké, rêvé.

Mais pour le cotillon tout le monde est levé !
Et l'alouette chante, on cotillonne encore.
Cotillon vertueux, tu vois lever l'aurore !

Le prince Rio, Monjoyeux, Harken, d'Ayguesvives et trois ou quatre autres qui ne cotillonnaient pas regardaient le spectacle tout en déshabillant un peu les femmes au moral. On sait qu'ils n'étaient pas aveuglés par leurs illusions, ils jetaient le « sujet » sur la table de marbre et travaillaient l'anatomie comme des carabins de troisième année.

Mon cher d'Ayguesvives, vois-tu cette jeune femme au bras du colonel Renaud?

— Oui, une Armide blanche comme un cygne, grande comme un roseau. On dirait qu'elle vient tout droit du faubourg Saint-Germain.

— Elle vient bien un peu de ce côté-là. C'est la fille d'une femme de chambre qui lui a donné le jour à la porte d'un château de Picardie. Une fille bien née, à ce qu'elle dit dans ses jours d'expansion, sans doute parce que sa mère, surnommée Batifolette, aura batifolé avec les chasseurs héraldiques qui venaient tous les automnes au château de Vielfontaine. Batifolette disait comme cette fille d'opéra : « Le père de mon enfant, je ne le connais pas, c'est sans doute un de ces messieurs. »

— Mais comment est-elle au bras du capitaine Renaud, un si galant homme?

— Tout galant homme renferme un homme galant. Avant d'être sa femme, Jeanne Toutyva, car je sais son nom...

D'Aiguesvives interrompit Monjoyeux.

— Toutyva, ce n'est pas là un nom de famille.

— Je n'ai pas vu son acte de baptême ; mais je crois fermement qu'elle a été reconnue par un ménétrier de son pays, qui avait fait danser Batifolette. Or, le ménétrier qui a son acte de l'état civil, se nomme Toutyva devant la loi.

— J'accepte l'explication ; continues.

— Eh bien, Jeanne Toutyva a été d'abord la maîtresse du colonel, une adorable maîtresse s'il en fut.

— Alors il a eu la virginité de son cœur, comme le beau Dunois aurait pu avoir celle du cœur de Jeanne d'Arc.

— Des bêtises ! Ce cœur-là n'a jamais eu de virginité. Le baptême n'a pas lavé son péché originel.

— C'est pour cela sans doute qu'elle a un nuage sur le front.

— Oh ! ce nuage n'est pas là pour si peu ! c'est qu'elle médite quelque nouveau drame.

— Quoi ! avec cette figure virginale, avec ces airs nonchalants. On dirait un ange qui a mis ses ailes au vestiaire.

— Oui, oui, c'est l'ange des ténèbres ou plutôt l'ange de l'Ambigu-Comique.

— Parle! parle! je sens que je vais l'adorer; je commence à comprendre le colonel Renaud.

— Tu ris, mais il n'est que trop vrai qu'on aime les femmes pour leur perversité bien plus que pour leurs vertus. La raison en est bien simple, c'est l'amour du péché, c'est le démon qui souffle cette flamme et cette fumée. Plus le péché est grand, plus l'amour est grand. La vertu n'est pas un attachement, c'est un détachement. Plus la femme est pure, plus elle nous montre le chemin du ciel.

— Est-ce que tu fais une conférence.

— Dieu m'en garde, puisque j'ai quelque chose à te dire.

— Eh bien! conte-moi l'histoire de cette femme.

— Combien me paieras-tu la ligne? car ce que je vais te dire n'a jamais été imprimé. Si nous allions vers le buffet?

— Non, tout à l'heure, quand je saurai l'histoire. Alors pour te payer je t'offrirai un verre d'eau ou une tasse de café glacé.

— Je reconnais là tes façons de grand seigneur. Écoute :

Et Monjoyeux conta ainsi cette histoire à d'Ayguesvives.

— Tu ne connais pas la Picardie ? C'est un pays sans paysage ; les révolutions du globe n'y ont pas marqué le pouce de l'artiste. Quelques collines imperceptibles sur des plaines infinies, une terre plus ou moins féconde pour les laboureurs, quelques rares monuments, un ciel gris. Voilà tout.

— Non, ce n'est pas tout ; il y a de jolies filles en Picardie. Manon Lescaut était née par là. Manon Lescaut, une femme trois fois femme. Ce n'est qu'une héroïne de roman, diras-tu ? Sache-le bien, elle a vécu. L'abbé Prévot l'a aimée, l'abbé Prévot a pleuré de vraies larmes quand il l'a vue passer sur la charrette des filles de joie. Jusqu'au Havre-de-Grâce, c'est de l'histoire, c'est de l'histoire vivante. Il n'y a que la mort dans les sables du nouveau monde qui soit un roman poétique.

— Oui, il y a de belles filles en Picardie. La pomme est en Normandie, mais c'est en Picardie que Pâris la fit croquer aux trois déesses. Mademoiselle Batifolette, la mère de Jeanne Toutyva, était déjà jolie pour son compte. Elle était femme de chambre, repasseuse, couturière, bonne à tout faire au château de Vieilfontaine. Les jours de fêtes rustiques, les Parisiens qui s'abattaient là tous les étés en gaie villégiature, la faisaient danser et valser démocratiquement. Ils pratiquaient avec elle le communisme avant la lettre. Quand les citoyens de la sociale affamés demandent huit jours de robes de soie, c'est qu'ils se souviennent que ces messieurs les petits barons ont eu par avance huit siècles de robes de toile. C'est une revanche. Ils oublient qu'il y a bien longtemps déjà que les robes de soie ont traîné dans l'antichambre. Bien des familles ont mis de l'eau dans leur vin ; on pourrait dire du vin dans leur eau.

D'Ayguesvives interrompit Monjoyeux :

— Tu es incorrigible, mon cher, tu seras sentencieux toute ta vie. Sous prétexte de me conter une histoire, tu me fais un cours de philosophie.

— Tu as raison, je ferai toute ma vie l'école buissonnière. Donc Batifolette eut une fille qui fut inscrite, il y a vingt ans, sur les registres de l'état civil sous le nom de Jeanne Toutyva. Le ménétrier reconnut l'enfant, mais ne voulut pas épouser la mère.

Quand Jeanne eut seize ans, elle était jolie comme une figure de Lawrence. Sa mère disait avec enthousiasme : « Ne dirait-on pas une fleur artificielle ! » Pour les paysans, c'est l'éloge par excellence. Ils sont trop près de la nature pour l'admirer.

Elle vint à Paris, une de ses arrière-cousines la mit dans un bureau de tabac où elle vendit trois ou quatre fois mystérieusement son innocence pour des rubans, des bijoux et des dentelles. Elle fit, demi-voilée, quelques apparitions à la Closerie. Elle aurait pu s'acoquiner à un amant quelconque, mais elle était ambitieuse ; elle disait tout haut qu'elle voulait devenir une femme du monde. On lui riait au nez, mais elle ne désorientait pas. Elle voyait son étoile, elle jurait qu'elle irait droit son chemin — de chûte en chûte. — Certes, elle était assez jolie pour mener à quatre chevaux la vie des courtisanes. On lui avait plus d'une fois proposé de la lancer sur cette voie corinthienne. Mais elle avait tous les jours sur les lèvres le mot mariage.

Cependant elle ne se trouvait pas dans l'atmosphère voulue. Elle retourna chez sa mère comme si elle dût mieux trouver dans son pays en jouant la poupée parisienne. Sa mère était devenue une couturière célèbre à trois lieues à la ronde. Jeanne daigna tourmenter la machine à coudre ; elle mit des fleurs dans la maison. Elle eût bientôt une cour. On venait du château, on venait de la ville. Les hommes lui eussent volontiers commandé des robes, mais pas un ne parla mariage. Les amoureux espéraient bien avoir tous leur quart d'heure, mais l'horloge ne sonna pour aucun d'eux. Elle était sans peur parce qu'elle n'était pas sans reproches.

Il y avait trois mois qu'elle était revenue chez sa mère, quand elle lui dit :

— Il faut que je me marie tout de suite.

— Et un mari, ma chère Jeanne !

— Le premier venu. Je sens quelque chose là.

Elle ne montra ni sa tête ni son cœur. Elle se cacha les yeux, mais ce fut Batifollette qui pleura. Jeanne confia à sa mère que dans le bureau de tabac un monsieur qui venait tous les jours en équipage armorié lui acheter des cigares, lui avait promis de l'épouser si elle allait un matin chez lui. Elle avait été si éblouie du luxe de ce monsieur, qu'elle s'était soumise à toutes ses fantaisies, ne croyant pas qu'un homme de si bonne mine songeât à la tromper.

— C'est mon histoire, dit Batifolette en pleurant plus fort.

Et tout fut dit.

On chercha bien vite un épouseur.

Il y avait porte à porte un paysan qui vivait de peu sur dix arpents d'héritage. La terre si vantée par les poëtes primitifs est presque toujours une marâtre pour le pauvre monde.

Pierre Lebrun avait beau tourmenter son champ, il avait beaucoup de peine à se nourrir et à nourrir ses bêtes après le plus rude des labeurs. Il ne se plaignait pas; il croyait que le travail est une loi. Il se levait tôt, il se couchait tard. Il ne prenait le soir qu'une heure de loisir pour aller causer avec ses voisines. Il trouvait Jeanne bien jolie, mais il n'osait espérer qu'elle voulût d'un rustre comme lui. Tout rustre qu'il fût, il n'était pas tant à dédaigner. Jeune encore il portait une belle tête. Il est vrai qu'il la portait mal. Il n'était pas trop bête. A la charrue, au déjeuner et au goûter, tout en émiettant la moitié de son pain aux oiseaux — il n'y a que les pauvres qui soient riches — il lisait quelque vieux livre trouvé dans l'armoire au linge, ou bien l'almanach nouveau, ou bien un journal de rencontre. Il avait une vague idée de toutes choses.

— Si tu épousais Pierre Lebrun? dit Batifolette à sa fille.

— Est-ce qu'il a de l'argent ?

Jeanne avait pensé tout de suite qu'avec la tête de Pierre et un peu d'argent on pourrait faire bonne figure à Paris. On achèterait un bureau de tabac, ou une papeterie, ou un hôtel meublé.

— Il a du bien au soleil, dit la mère. Dix arpents de vignes, de terre et de bois qui ne doivent rien à personne.

— Eh-bien, dis-lui que je l'aime, car il n'y a pas de temps à perdre.

— Il ne voudra peut-être pas de toi.

— Es-tu bête ! je n'ai qu'à dire un mot.

En effet, Pierre ne put en croire son bonheur. Être aimé de cette belle créature qui avait vu Paris ! Il s'imagina qu'il était dans un conte de fée.

— Voisine, n'ayez pas peur. Votre fille sera dans ma ferme comme une petite reine, je lui achèterai un parasol pour aller dans les champs. Et elle n'ira jamais à pied. Et si elle ne veut pas faire la moisson, je la ferai tout seul. Nous allons vivre tous les trois comme des coqs en pâte.

Ce qui fut dit fut fait. A quinze jours de là on célébrait le mariage. Selon la coutume, Pierre encadra la couronne d'oranger et la suspendit au chevet du lit.

On peindrait mal toutes les joies de ce brave homme dans sa lune de miel. Était-il possible qu'une si jolie fille fût pour lui ! Il n'osait y toucher, comme s'il eût eu sous la main une madone. Quoi ! des mains si blanches pour des mains si rouges !

Le lendemain des noces, elle avait l'horreur de son mari. Elle ne comprenait pas qu'avec toute sa fierté elle eût pu descendre jusque-là.

— Pourquoi pleures-tu? lui demanda sa mère.

— Je pleure parce que je me suis mise au bagne. Cet homme est un boulet.

Elle reprit :

— C'est un boulet de canon. Il partira.

Pierre, qui en faisait trembler plus d'un par sa stature herculéenne, tremblait comme un enfant devant sa femme.

Ce n'était pas un mari, c'était un serviteur. Sur un signe il obéissait, heureux de tout, même de ses colères, tant c'était un culte chez lui que ce monstre à figure d'ange.

Au bout de six mois, elle accoucha sans que son mari osât lui dire que l'enfant n'était pas venu à terme. Après les relevailles, elle parla d'aller à Paris choisir des étoffes pour sa mère, mais alors Pierre Lebrun se montra. Il frappa du pied et dit qu'il avait pris une femme pour lui-même. Elle menaça de fuir. Il la supplia en son nom et au nom de son enfant, mais voyant qu'elle n'était pas touchée, il frappa encore du pied.

— Je te tuerai, lui dit-il, car je t'aime.

Jeanne trouva des larmes d'occasion.

— Si tu m'aimais, me ferais-tu coucher dans un pareil chenil ?

Pierre pencha la tête et réfléchit.

— C'est vrai, dit-il tristement, que ce lit-là n'est pas digne de toi. Mais Dieu m'est témoin que je travaille comme une bête de somme en ne pensant qu'à toi.

Une idée criminelle avait traversé le front de Jeanne. Elle voyait bien qu'avec un homme comme son mari sa vie était empoisonnée dans le néant. Si elle fuyait ? Mais il l'aimait trop pour ne pas la poursuivre.

Elle se jeta dans ses bras.

— Si tu m'aimes, fais-moi une autre vie ou bien tu me verras mourir sur ces dalles glacées. Regarde ce lit, dans cette alcôve obscure, n'est-ce pas un tombeau ?

— C'est vrai, j'y ai pensé souvent; mais que veux-tu que j'y fasse ?

— Quand on n'a pas d'argent on en gagne, quand on ne peut pas en gagner on en prend à ceux qui en ont de trop.

— Chut ! dit le paysan, tu me fais peur. Est-ce que tu crois parler à une canaille ?

— Je parle à un homme de cœur. Tu sais

bien que je suis la fille de M. de Vieilfontaine.

— On dit cela dans le pays, mais son nom n'est pas écrit sur ton extrait de naissance.

— C'est lui qui est une canaille de ne pas m'avoir reconnue. — Quand on pense qu'il n'a pas d'enfant et qu'il enterre son or !

La mauvaise pensée qui avait saisi Jeanne bourdonna autour de Pierre. Il fit cette réflexion, que M. de Vieilfontaine avait un château, mais n'était pas un grand seigneur. Il ne donnait même pas aux pauvres les miettes de sa table. Il cachait sa fortune. Il était mauvais voisin. Il avait eu maille à partir avec tout le monde pour le bornage de ses terres. Le mari de Jeanne avait sur ce point une dent contre lui. Il répétait souvent que le châtelain lui avait pris trois ou quatre sillons dans sa meilleure chanvrière.

— N'est-ce pas irritant, reprit Jeanne, qu'il a plein ses armoires de linge et que nous couchions sur de pareils draps ! Après tout je suis sa fille. Personne n'en doute. Si on le volait un peu ce serait prendre son bien où on le trouve.

Pierre fit remarquer à Jeanne que les gens

de justice n'entendaient pas de cette oreille-là. Et puis il parla d'une autre justice, celle de la conscience, celle du bon Dieu.

Jeanne se mit à rire.

— Tu crois encore à ces fantômes-là, toi! On voit bien que tu lis encore les gazettes du curé. Le bon Dieu, c'est pour faire peur aux enfants.

Le paysan regardait sa femme.

— Mais tu as l'air d'un ange.

— Va, mon cher, si j'avais de l'argent j'aurais bien plus encore l'air d'un ange.

Pendant huit jours l'intérieur de Pierre eut ses jours de pluie et ses jours de soleil. Jeanne fut tour à tour détestable et charmante. Elle le détachait peu à peu de ce qu'elle appelait le préjugé. Elle lui citait les exemples de ceux qui s'enrichissent dans l'athéisme. Elle lui disait qu'un homme comme lui, qui n'était pas plus bête qu'un autre, ne devait pas suer sang et eau à labourer la terre. Elle lui peignit l'injustice des choses. Selon elle, il fallait vaincre la destinée si elle était mauvaise. Il fallait avoir l'énergie de se révolter contre le sort. On ne devait pas s'humilier comme le bétail sous la mauvaise fortune. Elle avait beaucoup lu. Elle lui montra les conquérants pillant et incendiant pour arriver à la renommée. Qu'est-ce qu'Alexandre et César ? sinon des voleurs de grand chemin.

Pierre, qui ne savait où reconforter son âme, se laissa prendre bientôt à la soif de l'or, à ce point que Jeanne elle-même fut surprise d'avoir si vite vaincu sa conscience.

— Va, lui dit-il un soir en l'embrassant, tu auras de la belle toile de Hollande pour te coucher.

Comment fit Pierre ? Son idée était d'aller bravement droit au but, c'est-à-dire droit à M. de Vieilfontaine, de lui représenter qu'il ne savait que faire de sa fortune, pendant que sa fille se tuait à travailler comme il faisait lui-même. Mais Jeanne lui dit que ce chemin-là était absurde. Suivant elle, M. de Vieilfontaine le ferait jeter à la porte par ses gens.

— Je le tuerai, s'écria Pierre.

— Tu perds la tête, lui dit Jeanne. Sache plutôt où est son or et prends-en plein tes mains, cela ne fera de mal à personne.

— Jamais, murmura Pierre.

C'était le dernier cri de la conscience. Quelques jours après, M. de Vieilfontaine était parti pour Paris. Pierre passa par le parc et entra dans le château par une croisée. Quand on a forcé la croisée, on force bien le secrétaire. Il n'y trouva pas deux poignées d'or, mais quelques billets de cent francs, moins que rien pour payer une telle action.

— J'allais oublier, dit-il. Et du linge pour Jeanne !

Il prit une brassée de linge fin et rentra chez lui, cet homme si coloré, blanc comme la toile de Hollande.

Jeanne dormait. L'innocence n'a pas d'insomnie. Elle savait bien que son mari était allé voler, mais elle s'en lavait les mains.

— Lève-toi, lui dit Pierre en jetant des draps sur le lit. Voilà de quoi te coucher.

Pierre secoua un mouchoir de batiste qui eût passé dans le trou d'une aiguille.

— Tiens, si tu pleures, voilà de quoi essuyer tes beaux yeux.

— Est-ce qu'on ne t'a pas vu, murmura-t-elle avec un sourire d'encouragement.

— Je ne crois pas, car les gens du château ont fait la sainte Catherine jusqu'à minuit, tout le monde dormait bien. Je n'ai rencontré qu'un chien qui ne s'est pas fâché parce qu'il me connaît. C'est égal, veux-tu que je dise une chose effrayante ?

Jeanne se souleva et regarda Pierre avec inquiétude.

— Eh bien ! je n'étais pas seul pour faire cette belle équipée. J'ai senti qu'il y avait deux hommes en moi : l'un qui volait et l'autre qui regardait faire. C'était ma conscience. Tu as beau dire, il y a un Dieu là-haut, vois-tu, Jeanne !

Pierre embrassa sa femme et se mit à pleurer.

— M'aimes-tu ? lui demanda-t-il.

— C'est tout ? dit-elle en regardant la brassée de linge.

D'Ayguesvives interrompit encore Monjoyeux.

— C'est horrible ! Tu sais que je ne crois pas un mot de tout ce que tu dis là. Tu inventes une histoire que tu mets aux profits et pertes de la femme du colonel.

— Tiens, dit Monjoyeux, la voilà qui repasse devant nous. Regarde-là bien.

— Un ange, reprit d'Ayguesvives. Après cela, les femmes sont capables de tout. Continue.

Monjoyeux reprit :

— C'est dans le crime qu'il n'y a que le premier pas qui coûte, — le dernier aussi puisqu'il conduit à la guillotine. Pierre eut des remords. Mais Jeanne s'enhardit dans ses forfaits. Les criminels n'ont qu'un moyen d'effacer la trace de sang à la clef légendaire de Barbe-Bleue : c'est de la peindre en rouge.

— Tu n'as qu'un moyen de cacher ton vol, dit une nuit Jeanne à son mari, c'est de mettre le feu au château.

Ce qu'il y avait d'horrible dans cette inspiration, c'est que Jeanne voyait sa liberté au delà de l'incendie.

Le vol d'argent et le vol de linge n'avaient rien changé à la vie de Jeanne. Elle avait démarqué les mouchoirs de batiste mais elle n'avait pu démarquer les draps, parce que le chiffre du marquis de Vieilfontaine était brodé sous une couronne. Elle n'y dormait pas sans inquiétude quoique M. de Vieilfontaine fût toujours absent.

— Vois-tu, Pierre, dit-elle une nuit qu'ils ne dormaient ni l'un ni l'autre, tu n'as pas autre chose à faire que de mettre le feu au château. Mais avant cela tu pourrais bien passer encore une heure dans la chambre de monsieur mon père, tu n'as pas bien cherché la première fois.

— Ce sont mes coquines d'allumettes qui ne voulaient pas prendre. Je n'ai vu bien clair que pendant un instant, parce que je ne voulais pas allumer les bougies. Mais cette fois, si j'y retournais — je ne serais pas si bête.

— Oui, tu es trop lâche pour y retourner, tu ne fais les choses qu'à moitié.

— Qu'est-ce que tu veux? je te l'ai déjà dit, je n'ai pas peur des autres, mais j'ai peur de moi. Je tremble devant mon ombre. Vois-tu, quand on a été au catéchisme, on s'en souvient.

Cela n'empêcha pas Pierre de retourner la nuit suivante au château de Vieilfontaine.

Cette fois, Jeanne ne s'était pas couchée. Elle voulait être toute prête pour aller au feu.

Vers deux heures du matin, comme elle regardait vers le château, elle reconnut Pierre qui sautait les murs de la petite ferme. Il n'avait pas voulu entrer par la porte.

Jeanne ouvrit doucement la croisée.

— L'affaire est faite, dit-il, mais je n'ai pas trouvé grand'chose. Rien que des bijoux.

— Oh quel bonheur! s'écria Jeanne. Donne vite, ferme la fenêtre et allume la chandelle.

— Tu ne sais pas ce que tu dis. Il faut nous coucher comme si de rien n'était. Tu n'auras bien le temps demain de regarder ces misères quand on croira qu'elles sont en cendres.

— Il y a peut-être des diamants, dit Jeanne.

— Oh oui! il y en a, car j'en ai été tout ébloui.

— Et tu crois que le château va brûler?

— Oui, j'ai mis le feu aux quatre coins sans rencontrer âme qui vive. Ce qui ne m'a pas empêché de mettre encore le feu à une meule de blé qui va faire un vrai feu de saint Jean. Comme le vent souffle du Nord, les flammèches s'envoleront toutes sur le château. Déshabille-toi bien vite.

— Je voulais aller au feu.

— Oui, il faut qu'on nous réveille.

On se déshabilla et on se coucha. Et on ne s'endormit pas.

Quelques minutes après, le reflet des flammes commençait à jouer sur leur fenêtre. On cria au feu. Tout le monde du village fut debout. Ce fut Batifolette qui les vint avertir.

— Levez-vous donc! levez-vous donc! le feu est au château.

Cinq minutes après, ils suivaient la foule toute ahurie.

On accusa tout le monde, hormis Pierre.

Il fut le plus hardi au sauvetage. On limita l'incendie, mais l'aile où M. de Vieilfontaine avait sa chambre et son cabinet fut toute brûlée.

Pendant huit jours les gendarmes furent sur pied, causant avec tout le monde et buvant au cabaret, comme s'ils cherchaient la vérité dans le vin.

— Que pensez-vous de cela ? dit Pierre au brigadier.

— Je pense que l'affaire a été faite par

vous. Voilà pourquoi vous allez venir avec moi.

Pierre fit bonne figure.

— Non, dit-il, je n'irai pas. Je n'ai jamais fait ma société des gendarmes.

— Venez toujours vous expliquer devant le juge d'instruction.

— Vous voulez rire.

Le brigadier fit signe à ses deux hommes d'empoigner Pierre. C'était sur le pas de sa porte. Sa femme accourut. Elle jeta son mouchoir sur ses yeux, — un mouchoir de batiste du château.

— Tu vois, lui dit Pierre en essayant un dernier sourire.

Il se pencha vers elle comme s'il voulait l'embrasser.

— Jeanne, donne-moi un couteau.

— J'ai chargé ton pistolet pour me tuer, dit-elle.

Il l'embrassa.

— Donne-moi mon pistolet.

Elle s'adressa aux gendarmes.

— Messieurs les gendarmes, vous allez me faire mourir de chagrin. Je vous en prie, messieurs les gendarmes, ne me prenez pas Pierre.

— C'est la loi, dit le brigadier, en essuyant une larme, tant Jeanne jouait bien sa comédie. Après cela, on est gendarme, mais on a des sentiments, on vous laissera le temps de faire vos adieux. Et puis, parce qu'on est accusé, ce n'est pas toujours une raison pour être coupable.

Jeanne avait entraîné son mari vers l'alcôve dans le coin le plus obscur de la maison.

— Tiens, lui dit-elle.

C'était le pistolet.

Une détonation retentit et fit trembler les murs. La justice était faite.

Pierre s'était frappé au cœur. Il tomba à la renverse, entraînant Jeanne qui poussa un cri, se croyant frappée elle-même.

— Voilà du nouveau, dit le brigadier.

Un gendarme releva Pierre, un autre releva Jeanne.

— Qu'est-ce que c'est que cela ? Qui est-ce qui a tiré ? reprit le brigadier.

Pierre était mort du coup.

— Ce n'est pas vous, la jeune femme, qui avez fait ce chef-d'œuvre?

— Moi! s'écria Jeanne en montrant ses mains.

Elle les croyaient blanches, elles étaient toutes rouges.

— Il y en a comme cela, dit un des gendarmes, qui s'en lavent les mains dans du sang.

— Je vois bien, reprit le brigadier, qu'il faudra que la justice descende ici. Gardez-moi à vue l'homme et la femme, que ni l'un ni l'autre ne bouge.

— Pour ce qui est de celui-là, dit un des gendarmes, il ne fera pas un mouvement, je m'en charge; mais mon camarade aura fort à faire avec la petite dame.

En effet, Jeanne se démenait comme si elle marchait dans l'incendie.

Le brigadier monta à cheval pour aller chercher le juge d'instruction.

On reconnut que c'était Pierre qui s'était tiré le coup de pistolet. Jeanne ne dit pas que c'était elle qui l'avait chargé et armé.

Le juge d'instruction fut galantin avec la

jeune fermière. Il n'avait jamais vu une figure aussi délicate sous un toit rustique.

Quand il l'interrogea, il eut l'art de lui dicter lui-même les réponses pour qu'elle ne fût pas compromise. Du reste, elle parlait avec une candeur qui eût trompé les juges les plus habiles à pénétrer les masques.

— Mais, monsieur le juge d'instruction, dit-elle avec un grand air d'innocence et d'étonnement, expliquez-moi comment Pierre a pu être accusé?

— Oh! l'accusation est formelle, madame. Ecoutez bien.

Le juge d'instruction déplia un lettre anonyme écrite sur du papier écolier.

Monsieur le procureur impérial,

Ne cherchez pas plus longtemps celui qui a mis le feu au château. C'est Pierre Lebrun. Moi qui vous parle, je l'ai vu sortir de chez lui à minuit et demi. Je l'ai suivi. J'ai vu qu'il escaladait le balcon du rez-de-chaussée sur le parc, là où est la chambre du marquis. Après quoi il a rôdé tout autour des bâtiments. Il s'est arrêté devant une meule de blé, celle qui a fait un si beau feu. Il est rentré chez lui. Cherchez bien dans ses cachettes, il a dû voler des bijoux.

— C'est impossible, s'écria Jeanne.
Ce cri partait du cœur.
— Je ne crois pas non plus, dit le juge d'instruction. Il aura mis le feu par vengeance. Toutefois, je suis forcé de faire ici une perquisition.
— Qui est-ce qui a pu écrire cette horrible lettre ?
— Ah voilà ! Je n'en sais rien non plus. Mais nous saurons d'où vient le papier, nous ferons écrire tout le monde à trois lieues à la ronde pour trouver les preuves du crime.

Jeanne tressaillit : elle avait dans son porte-monnaie les plus beaux diamants du marquis. Elle se demandait si elle ne devait pas les aller jeter dans le puits. Mais qui irait les chercher plus tard ? Et puis, ne la verrait-on pas ? Et puis, comment risquer de perdre de pareils diamants ? Le juge d'instruction était trop gracieux pour la faire fouiller.

— Oh ! monsieur ! monsieur ! de grâce,

puisque Pierre est mort, ne faites pas de bruit autour de sa mémoire. Laissez-moi pleurer en silence.

— Mais, madame, il faut que la lumière se fasse. Qui sait, après tout? Votre mari n'était peut-être pas coupable, puisqu'il ne vous a rien dit.

On fit une perquisition. On commença par la maison, où on ne trouva rien. On remua les cendres du foyer. La veille même, Jeanne avait brûlé tout le linge volé, craignant d'être accusée, elle aussi, comme complice à cause de la marque qu'elle devait bien connaître. Elle n'avait gardé par oubli que le mouchoir qui était dans sa poche.

Quand on remua les cendres, elle eut peur.

Ce fut dans le coffre à avoine qu'on découvrit les preuves. Un petit sac de toile qui contenait les bijoux.

Jeanne joua l'indignation et la surprise.

— Pauvre Pierre! Il était donc devenu fou.

— Il n'y a pas à douter, dit le juge d'instruction, que ces bijoux ne viennent du château. Voyez plutôt cette bague avec une couronne de marquis. D'ailleurs, comment votre mari aurait-il eu ces bijoux et pourquoi les eût-il cachés.

Jeanne n'était jamais prise au dépourvu. Maintenant que Pierre était mort, elle ne voulait pas être veuve d'un incendiaire, ni surtout d'un voleur.

— Monsieur, je vous jure que Pierre n'a ni incendié ni volé. C'est le coupable qui aura apporté chez nous ces bijoux pour accuser mon mari.

— Eh bien! madame, nous saurons qui nous a dénoncé votre mari.

Le juge d'instruction ne remarqua pas que Jeanne avait pâli.

Quoiqu'il ne songeât guère à l'accuser de la dénonciation, il commença pourtant son office de vrai juge d'instruction.

— Non monsieur, dit-elle avec empressement, je n'écris jamais ici, j'écris chez ma mère.

Le juge d'instruction n'insista pas. Il écrivit la déclaration, il la lut tout haut et il donna la plume à la jeune femme.

— Signez, madame.

— Faut-il signer Toutyva?

— Signez Jeanne Toutyva.

Elle signa de sa plus belle écriture, comme une femme qui signe sans émotion.

Monjoyeux regarda d'Ayguesvives.

— Tu as compris que c'était Jeanne qui avait dénoncé son mari. Tu vois bien la logique de la femme : elle avait peur de lui, elle avait horreur de cette prison du mariage, elle poussait son mari au crime et au suicide. Elle avait estimé assez haut ce brave cœur pour juger que, quoiqu'elle l'eût perverti, il ne balancerait pas entre la mort et le bagne.

Huit jours après, elle partait pour Paris. Huit jours plus tard, elle était à Londres où elle vendait les diamants volés. De Londres, je ne sais pourquoi elle passa en Algérie, où elle a connu le colonel Renaud, qui vient de l'épouser et qui fait avec elle son entrée dans le monde parisien.

— Comment sais-tu tout cela?

— Je sais tout cela parce que je la connais bien. J'étais un des habitués de son bureau de tabac. J'ai chassé cet automne au château de Vieilfontaine; j'ai vu sa mère, la belle Batifolette, qui portait sérieusement en noir le deuil de Pierre Lebrun, pendant que sa femme le portait en rose. Doutes-tu de tout cela ?

— Oui, plus je regarde cette femme et moins je crois à cette histoire.

— Eh bien ! tu rencontres quelquefois au cercle le marquis de Vieilfontaine, parle-lui de Jeanne Toutyva. Par ses réponses troublées, tu verras que je n'ai pas inventé un mot. Par exemple, il ne te dira pas que c'est sa fille, mais ses yeux et son profil te le diront.

— Ce que je trouve de plus beau en tout ceci, reprit d'Ayguesvives, c'est que le colonel porte le bonheur sur sa figure.

— Que veux-tu, le bonheur de celui-ci coûte toujours cher à celui-là. Vois-tu, le piédestal des statues n'est jamais fait avec du marbre blanc. L'odieux péché originel est la marque de toutes les créatures. Si on cherchait bien dans le passé de toutes ces belles dames, on trouverait que plus d'une n'est pas si blanche que sa robe. Tiens, cette belle veuve qui passe là-bas toute triomphante au bras de son amant ne se souvient pas qu'elle a tué son mari à petit feu par ses folles dépenses et par ses coquetteries incroyables. Le pauvre homme était avare et jaloux, elle l'a traîné à ses trousses pendant dix ans, lui donnant la fièvre, lui brûlant le sang, le tuant des mille coups de poignard du désespoir. Ainsi soit-il. Veux-tu que je te présente à la belle colonelle.

— Tu lui as donc parlé depuis son nouveau mariage ?

— Non, mais je suis de toutes les franc-maçonneries. Tu vas voir quel bon diplomate je ferais.

Monjoyeux fit trois pas et s'inclina devant Jeanne Toutyva.

— Madame, voulez-vous me présenter à votre mari ?

Jeanne voulait passer outre, mais elle comprit que Monjoyeux ne la laisserait point passer. Elle se rehaussa encore dans ses grands airs et dit au colonel en indiquant l'artiste :

— Monsieur de Monjoyeux.

— Non, monsieur Monjoyeux, dit-il en souriant. Monjoyeux, parce que je suis gai, et non de Monjoyeux parce que j'ai une terre.

— La gaieté vaut mieux qu'une terre, dit le colonel, qui était un bon diable. Qui terre a guerre a. Pour moi, j'aime mieux être en guerre avec les Prussiens qu'avec mes voisins de campagne...

— Et maintenant, reprit Monjoyeux, permettez-moi de vous présenter mon ami le duc d'Ayguesvives, qui me disait tout à l'heure que la vraie beauté du bal, c'était madame Renaud.

— N'est-ce pas ? dit le colonel. Ma femme dit qu'on la regarde trop, c'est la faute de sa figure.

— Ce n'est peut-être pas tout à fait la faute de sa figure, dit Monjoyeux à d'Ayguesvives.

On alla ensemble au buffet. On parla des bruits du jour, des robes du soir. On promit de se revoir et on se salua gracieusement.

— D'où diable connaissez-vous ce monsieur Monjoyeux ? demanda le colonel à sa femme.

— C'est du plus loin qu'il m'en souvienne. Je crois qu'il était de ceux qui chassaient au château de Vieilfontaine.

Jeanne Toutyva n'avait pas dit à son mari qu'elle avait fait la fortune d'un bureau de tabac. Elle ne lui avait confié que ce qu'elle avait été forcée de lui dire ; par exemple, son mariage avec Pierre Lebrun, mort, selon elle, d'un accident à la chasse.

Quand le duc d'Ayguesvives vit s'éloigner Jeanne, il la suivit à distance comme entraîné sur ses pas.

— Où vas-tu ? lui demanda Monjoyeux.

— Où je vais? Cette femme est si belle, que me voilà tout ensorcelé.

— Prends garde ! N'oublie pas qu'elle avait les mains toutes sanglantes quand elle a dit : « Je m'en lave les mains. »

— Mon cher, on voit bien que tu as joué la comédie, tu cherches des effets de mélodrame. Cette femme a subi la fatalité, tu l'accuses, mais qui sait si ce rustre n'était pas le seul coupable ?

— Allons, c'est bien, te voilà pris. Mets-lui des ailes et n'en parlons plus.

Les deux amis étaient dans l'antichambre. D'Ayguesvives ne perdait pas de vue Jeanne qui se pelotonnait toute frileuse dans sa pelisse. On criait alors : « Les gens de madame la baronne Renaud ! »

En entendant appeler ses gens, Jeanne releva la tête avec sa fierté héraldique.

— N'est-ce pas que c'est bien la fille du marquis de Vieilfontaine?

— Oui, il y a de la race dans cette femme?

— De la race félonne.

Jeanne Toutyva dominait toutes les grandes dames qui descendaient avec elle.

— Vois-tu, reprit Monjoyeux, cette femme-là ne s'appelle pas Jeanne Toutyva, elle s'appelle l'Orgueil.

XVI

La jeune mariée

Harken montra du doigt madame d'Alfaye « et sa sœur. »

Vous avez entendu annoncer dans le monde madame d'Alfaye et sa sœur, une jeune veuve dont on n'a jamais bien dit le nom. Elle est surtout connue sous le nom d'Alice. Elle est très simple, très douce, très silencieuse ; son air de réserve ne la sauve pas de je ne sais quoi d'assez commun qui révèle une origine plébéienne. On dit qu'elle porte les robes défraîchies de sa sœur, elle semble se cacher sous l'étoffe et elle semble cacher l'étoffe. On se demande pourquoi elle va dans le monde, elle n'y cherche ni un mari ni un amant. C'est que sa sœur a si bien pris l'habitude de vivre avec elle, qu'elle ne veut pas sortir sans elle.

Mais voici l'histoire :

Madame d'Alfaye était mariée depuis six semaines, vous croyez sans peine qu'elle s'ennuyait, la lune de miel, dans ce temps-ci, commence toujours par la lune rousse. Monsieur son mari était au club, à moins que ses principes bien connus — c'est un homme politique — ne l'aient conduit au foyer de la danse, à l'Opéra, où l'on tient conseil sur les choses les plus graves du gouvernement. On ne sait pas ce qu'une danseuse peut faire ou ne pas faire dans l'État. Un jour que madame d'Alfaye s'ennuyait plus encore, elle avait demandé son coupé pour aller montrer au bois son bonheur conjugal. Chaque jour de la vie est une boutique, où on étale un mensonge pour tromper son prochain et se tromper soi-même.

Le valet de chambre annonce alors mademoiselle Alice.

Au même instant, madame d'Alfaye voit entrer une jeune femme qui portait un enfant sur ses bras. Mademoiselle Alice s'inclina toute pâle et tout émue.

— Madame...

— Madame...

— Je ne sais pas si c'est une lâcheté de venir vers vous, mais il m'a fallu bien du courage pour arriver jusqu'ici.

Disant ces mots, mademoiselle Alice tomba plus morte que vive sur le canapé.

— Mademoiselle, expliquez-moi cette énigme ?

— Eh bien ! madame, je vais tout vous dire en quelques mots : J'avais un amant.

— Remarquez, mademoiselle, que ceci ne me regarde pas.

— Je croyais que l'amour était le bonheur, mais c'est l'enfer. Il m'aimait bien, mais je n'avais pas le sou. Un jour il me dit qu'il allait voyager ; le soir il ne revint pas, il avait laissé une poignée d'or sur la cheminée ; son enfant, celui que je tiens là, était en nourrice à Courbevoie, je courus le reprendre pour me consoler. Pour lui, il ne revint pas. Je l'ai attendu le matin, je l'ai attendu le soir, je l'ai attendu toujours.

Alice faisait pitié à voir dans sa pâleur, dans sa fièvre, dans son désespoir. Elle avait maîtrisé son émotion, elle commandait à son cœur, elle était dans cette phase fatale où on n'a plus rien à craindre — où quelquefois le bien sort du mal — car il arrive pourtant, quoi qu'on en dise, que Dieu montre sa main.

— Cette fois-là ce fut la main de madame d'Alfaye que Dieu daignait prendre pour montrer sa présence. Mais je ne veux pas tordre le col à mon histoire en vous disant tout de suite le mot de la fin, comme dans les mélodrames.

Je vous peindrais mal ce qui se passa. Madame d'Alfaye était furieuse et attendrie, elle était jalouse et sympathique, son cœur battait avec violence et mourait tout-à-coup. Elle qui était en pleine lune de miel, elle qui n'avait jamais, pas même en pensée, abordé les stations de la douleur, elle était plus mal à l'aise que cette pauvre créature.

La misère donne une certaine fierté quand on sent déjà la mort venir, quand on a traversé tous les enfers de la vie, je veux dire de l'amour, si bien que ce n'était pas cette femme qui tremblait devant madame d'Alfaye, c'était madame d'Alfaye qui tremblait devant elle, la femme légitime devant la maîtresse. Mais après tout, la femme légitime n'est pas celle qui avait donné, un jour d'abandon, sa jeunesse, sa vertu, son cœur, tout ce qu'elle avait, sans qu'on eût besoin de signer au contrat pour lui garantir par devant la société, sinon par devant Dieu, que tous ces biens-là ne seraient pas perdus.

L'enfant ne paraissait pas comprendre beaucoup la gravité de sa situation: Allait-il avoir deux mères, ou n'allait-il pas en avoir du tout? Heureusement, cela ne l'inquiétait pas, il regardait madame d'Alfaye avec ses grands yeux bleus, de fort beaux yeux sous des cils noirs, deux pervenches sous le buisson, dirait un poëte s'il y en a encore. Croyez-vous qu'il y en ait encore?

Donc l'enfant regardait madame d'Alfaye et lui prenait le cœur; tout d'un coup, il se mit à pleurer et à regarder sa mère.

— Pauvre enfant, dit-elle, il ne connaît encore que les larmes depuis qu'il est né. J'ai perdu ma mère qui m'avait pardonné; mon père m'a reniée, un peu par indignation, un peu pour se consoler plus vite ; j'ai pleuré, j'ai pleuré, j'ai toujours pleuré. Il y a des fois où je me figure qu'en donnant mon sein à cet enfant, je ne lui donne encore que des larmes.

Madame d'Alfaye était fort émue.

Comme l'enfant pleurait toujours, la mère découvrit son sein avec un naturel charmant, comme si elle eût obéi à l'enfant sans penser à ce qu'elle faisait.

L'enfant saisit à la fois le sein des lèvres et de la main, comme un ivrogne qui tient bien sa bouteille. Hélas! la bouteille n'était pas pleine !

— Eh bien, madame, dit madame d'Alfaye à la mère, que voulez-vous que je fasse à votre malheur ? le comte n'est pas là.

Elle n'osait pas dire : mon mari.

— Mais, madame, ce n'est pas à lui que je viens, je viens à vous parce que je sens que je vais mourir et qu'il ne faut pas que cet enfant meure. Mais Dieu est bon.

Un beau sentiment avait saisi au cœur madame d'Alfaye.

— La preuve que Dieu est bon, reprit-elle,

c'est que je vous prie de regarder cette maison comme la vôtre.

— Jamais, madame, dit Alice, comme si elle craignait la colère du comte.

— Je le veux, reprit madame d'Alfaye d'un air décidé, l'enfant de mon mari est ici chez lui. Et vous aussi, vous êtes chez vous, car la mère ne doit pas quitter l'enfant, surtout quand la mère allaite son enfant.

Avant d'entrer, la pauvre fille avait, pour ainsi dire, dit adieu au monde, elle voulait mourir après avoir légué son enfant : c'était un testament en action.

Se voyant si bien accueillie, la vie reprit ses forces en elle, elle regarda avec quelque curiosité cette maison qu'on lui offrait comme refuge. Ce luxe, pour ainsi dire original, de la jeune mariée lui parut charmant, à elle qui n'avait jamais hanté que le luxe des revendeurs et des marchandes à la toilette, ce luxe odieux qui faisait dire à Octave de Parisis que toutes ces dames mangeaient à la même gamelle, et que tous ces messieurs — vous autres, messieurs — vous mangiez les restes de ces dames.

Et après avoir regardé autour d'elle, la jeune femme sourit tristement.

— Pourquoi vous moquez-vous de moi, madame ?

— Mais je ne me moque pas de vous, j'obéis à mon cœur. Tant pis pour celui qui vous trahie.

Elle vit que madame d'Alfaye parlait sérieusement.

— Je vous remercie, madame, dit-elle, je suis touchée profondément. Il y avait bien un peu de vengeance dans mon action ; maintenant que je suis sûre que ce pauvre enfant aura une mère, je m'en vais contente, ne gardant pas une goutte d'amertume dans le cœur ; tenez, madame, vous êtes si bonne que je lui pardonne à lui-même.

Madame d'Alfaye fondit en larmes et embrassa l'enfant ; ce que vous ne croirez pas, c'est qu'elle embrassa aussi la mère.

Elle avait vaillamment étouffé sa jalousie. Elle conduisit la jeune fille dans sa chambre et elle sonna pour qu'on apportât à goûter.

On apporta des gâteaux, des fruits, du vin.

d'Espagne ; la comtesse servit la jeune mère avec la sollicitude la plus raffinée ; de tout autre Alice n'eût pas accepté, mais il n'y avait pas moyen de refuser. Elle mangea une pêche, elle mangea une grappe de raisin, elle but tout un petit verre de vin de Malaga. Il semblait que l'enfant prît plaisir au festin, il riait et gazouillait.

La jeune mère racontait un peu sa vie par quelques phrases mal cousues. Quoique elle se fût enhardie, elle n'osait encore parler sans s'interrompre. Madame d'Alfaye apprenait ainsi que, venue toute jeune à Paris, elle avait commencé dans un atelier de fleuriste. Il paraît que les fleurs n'enseignent pas la vertu. Ce qui est acquis à l'histoire, c'est que les fleuristes font des couronnes d'oranger, mais qu'elles n'en portent jamais.

On interrompit le contenu.

— Vous allez gâter votre cœur par votre esprit.

— Oh ! moi, j'ai de l'esprit sans le vouloir, cela ne compte pas.

Et il continua en promettant de n'avoir plus d'esprit.

Cependant la jeune mariée était toujours devant le guéridon, picorant un grain de raisin, regardant l'enfant qui venait de s'endormir, quand tout à coup son mari entra.

Un vrai coup de théâtre, vous voyez cela d'ici. Il ne comprit pas d'abord ; quand il eut compris, il ne comprit pas encore. Il salua en entrant par simple habitude de politesse. Mademoiselle Alice s'inclina sans lever la tête.

— Pardon, ma chère, dit-il à sa femme, je vous croyais seule.

— Presque seule, vous êtes en pays de connaissance.

— Moi !

Il avait reconnu sa maîtresse, mais il ne voulait pas l'avouer encore. Enfin, prenant son parti, il attaqua la situation face à face, comme un poëte romantique qui met le dénoûment sur le théâtre au lieu de le mettre dans la coulisse.

Mademoiselle ? Est-ce que votre visite est pour moi ou pour madame ?

— Pour madame, monsieur, dit mademoiselle Alice.

— Si je suis indiscret, dites-le moi.

Il reprit son chapeau d'un air dégagé.

— Non, non, pas du tout, lui dit madame d'Alfaye, nous vous attendions.

— Pour quoi faire ?

— Pour signer au contrat.

— Quel est donc ce mystère ?

— Asseyez-vous, monsieur, je vais prendre la peine de vous apprendre ce que vous savez mieux que moi. Je vais vous dire une page de votre vie.

Il reprit son chapeau.

— Oh ! que cela va être ennuyeux.

— Mademoiselle Alice, ici présente...

— Je sais ce que vous allez dire ; permettez-moi de poser mes conclusions. La vie privée du garçon doit être murée pour la femme, comme la vie privée du mari doit être murée pour la maîtresse.

— Oui, mais ce n'est pas ma faute si les murs sont tombés devant moi. Je ne vous permets pas, monsieur, de ne pas prendre au sérieux ce qui se passe devant vous ; vous devriez voir à nos yeux que nous avons pleuré ; tenez, si vous osez sourire, je dirai que vous n'avez pas de cœur.

Jusque-là, M. d'Alfaye avait tenté de masquer son émotion, il se décida d'entrer en scène par son vrai rôle.

— Eh bien ! oui, dit-il, il y a là un malheur, puisqu'il y a un enfant. Que voulez-vous, aujourd'hui les choses sont ainsi faites que la préface de la vie, ou du mariage si vous voulez, tient trop de place dans le livre ; je ne suis pas plus coupable que les autres, mais je ne vaux pas mieux. J'ai pensé plus d'une fois à tout ce que devait souffrir cette pauvre fille.

— Mais il était si simple de ne pas la laisser mourir de faim.

— J'espérais que son indignation l'avait guérie de son amour, je la croyais repartie pour son pays.

— Eh bien ! monsieur, la voilà qui, à bout de misère et de larmes, est venue me dire : « Il n'y a que vous au monde qui puissiez sauver cet enfant. » Et moi, monsieur, je veux sauver l'enfant, mais je veux sauver aussi la mère.

M. d'Alfaye prit la main de sa femme.

— C'est bien cela. Je vous remercie, madame.

— Je n'ai pas attendu que vous fussiez rentré pour trouver que c'était bien, c'est dans ces choses-là qu'on ne prend conseil que de soi-même ; or, savez-vous ce que j'ai résolu ? vous reconnaîtrez la mère et l'enfant.

— Vous êtes romanesque, Marie.

— C'est parce que je suis romanesque que je suis bonne — quand je suis bonne. — Si vous étiez plus romanesque, monsieur, vous auriez déjà embrassé cet enfant, qui est votre enfant, quoique je sois votre femme.

Il se tira de là par une phrase :

— Madame, je n'ai pas le droit d'embrasser cet enfant.

Madame d'Alfaye se crut bientôt le droit de l'embrasser, car elle devint une autre mère pour lui. Elle n'aimait pas assez son mari pour être jalouse du passé, elle s'aperçut qu'il aimait trop les coulisses de l'Opéra pour se retourner vers une de ses victimes des anciens temps. Au lieu de haïr cette fille, elle l'aima. Il lui sembla que c'était une sœur d'infortune, elle s'accoutuma à aller la voir. A force de faire sauter l'enfant sur ses genoux, elle s'imagina qu'il était de sa famille. Chaque fois qu'elle parlait à son mari de sa maîtresse abandonnée et de son enfant retrouvé, il lui disait : « Ma chère, vous êtes folle. » Il l'embrassait doucement, mais elle voyait bien qu'il pensait à d'autres aventures.

Un jour qu'ils étaient dans leur château, il vint à Paris — tout seul. Elle s'ennuya — toute seule.

Elle écrit à Alice de lui amener son enfant. Quand le mari revint, après une trop longue absence, il vit que la femme, la maîtresse et l'enfant ne faisaient plus qu'un. Il eut beau se fâcher, sa femme ne voulut pas se séparer de sa maîtresse. Elle avait dit à tout le monde que c'était sa sœur. M. d'Alfaye fut bien forcé de l'accepter comme telle dans le domicile conjugal. Il s'habitua lui-même à cette compagnie. Alice était si douce qu'il était impossible d'ailleurs de ne pas lui faire bonne figure.

Quand on revint à Paris, il ne fallut pas le prier beaucoup pour que la mère et l'enfant fussent tout à fait de la maison. Il fut décidé qu'Alice serait présentée fort discrètement dans le monde comme sœur à la mode de Bretagne, une jeune fille sans fortune qu'on prenait familialement parce qu'il faut être bon prince pour les siens.

Pendant les premiers mois, madame d'Alfaye ne sortit avec elle que pour aller à la messe. Mais la jeune fille plut beaucoup, on l'invita aux soirées intimes avec tant d'instance que madame d'Alfaye se hasarda à l'y conduire. Cette année elle est allée à un bal officiel, où tout le monde a complimenté madame d'Alfaye de l'air d'innocence de sa belle-sœur.

Et qui donc aurait le courage d'accuser la femme et la maîtresse ?

XVII

Les poignards d'or

Dans toutes les histoires qu'on racontait chez Violette, on ne craignait pas de mettre en scène ses amis.

En chaque génération, le monde des aventures est dominé par un très petit nombre d'hommes qui prennent toutes les places et toutes les femmes comme si c'était leur destinée. De même qu'il y a un petit nombre de femmes dans le monde des courtisanes qui prennent tous les hommes. Le Tout Paris de la galanterie est fort restreint, mais il fait beaucoup de bruit au dehors.

Voilà pourquoi, dans tous ces récits, on retrouvait souvent les noms des amis d'Octave de Parisis. Ils avaient été à bonne école et ils livraient vaillamment bataille à l'escadron volant des beautés à la mode.

Lord Sommerson était celui qui marquait le mieux son empreinte ; quoiqu'il vécût à peine la moitié du temps à Paris, il faisait plus de dégâts que ceux qui étaient toujours en guerre. C'est qu'il avait l'art de prendre les femmes plus encore par le sentiment qu'à l'emporte-pièce. Comme Parisis, d'ailleurs, il y avait deux hommes en lui : une âme et un corps ; un esprit et une action. Il avait le grand art de frapper doucement ou de frapper fort, sachant toujours bien pénétrer le caractère de son ennemi.

On a beaucoup parlé à Paris de cette jeune beauté extravagante qui voulut se faire justice d'un coup de poignard. Les journaux ont imprimé son histoire en hasardant les initiales de son nom.

Disons cette histoire sans jeter ce nom, trè respecté, à la curiosité romanesque. Nous nommerons mademoiselle Wilhelmine.

Elle était douée comme si toutes les bonnes

fées fussent venues à son berceau ; mais, sans doute, la mauvaise fée aussi l'avait frappée de sa baguette.

Wilhelmine fit son entrée dans le monde au milieu des enthousiasmes. Combien d'amoureux qui se fussent sacrifiés pour elle ! Beaucoup de beauté, beaucoup d'argent, beaucoup d'esprit. Mais sur tout cela la raison ne répandait pas sa lumière. Wilhelmine se conduisait comme une folle, disant à tout propos :

— Je ne suis pas maîtresse de moi.

Sur son cachet, elle avait fait graver la sentence arabe : *C'est écrit là-haut*, faisant ainsi Dieu responsable de toutes ses équipées.

Lord Sommerson, qui la rencontra dans la société anglaise de Paris, eut naturellement la curiosité de vouloir être de moitié dans ses extravagances. C'était pour lui une étude entraînante. Il disait que c'était par philosophie, mais c'était par amour.

Un soir, dans une causerie presque intime, elle lui dit tout à coup :

— Montrez-moi donc un de ces petits poignards d'or dont on parle tant autour de moi ?

— Chut ! lui dit-il, ces poignards-là sont des joujoux qui tuent.

Mais Wilhelmine était un enfant gâté, elle voulut voir les poignards avec tant d'obstination, que lord Sommerson osa lui dire, comme à la première coquette venue :

— Eh bien, venez demain chez moi, et je vous les montrerai.

— Où demeurez-vous ?

— Rue Lord Byron, n° 12.

— A quelle heure ?

— De midi à minuit.

— J'irai, dit-elle.

Sans doute le rouge lui monta au front, car elle se leva et se perdit dans le bal.

Le lendemain elle ne se fit pas attendre à l'hôtel du *Plaisir-Mesdames*.

— Vous voyez, dit-elle d'un air de vaillance, j'ai pris la première heure, car je n'ai pas peur de vos poignards.

Son cœur battait bien fort, mais elle cachait son cœur.

Lord Sommerson joignit les mains sur sa tête et lui baisa les cheveux.

— Je vous attendais, lui dit-il.

— Eh bien, puisque je suis venue, expliquez-moi le jeu de vos poignards.

Il la fit asseoir bien près de lui, trop près de lui.

— Croyez-vous aux influences occultes ? lui demanda-t-il.

— Je crois à tout, même au diable, répondit-elle d'un air brave.

— Vous croyez aux *jettatores* ?.

— Oui, je crois au mauvais œil. La journée est bonne ou mauvaise, selon la première figure que nous voyons.

— Eh bien, moi, j'ai mis un pied dans la kabale ; je crois que le monde est gouverné par des esprits invisibles toujours maîtres de nos actions. Les sorcières de Macbeth sont de vieilles folles, mais la sorcellerie est pourtant l'expression d'une vérité. J'ai découvert dans un vieux livre, miraculeusement venu jusqu'à moi, que tout homme qui portait malheur, devait forger des poignards d'or pour conjurer le mauvais destin.

— Vous portez donc malheur.

Lord Sommerson ne voulut pas, à ce qu'il paraît, s'expliquer là-dessus.

— Peut-être, dit-il à Wilhelmine, mais, grâce à mes poignards d'or, je suis sûr de préserver les femmes que j'aime.

— Et comment faites-vous pour cela ?

— C'est bien simple : je leur enfonce un de ces poignards dans les cheveux. Il m'est même arrivé d'en enfoncer deux, pour plus de sûreté contre l'esprit du mal.

Wilhelmine partit d'un grand éclat de rire.

— C'est vous qui êtes l'esprit du mal, puisque vous perdez toutes les femmes que vous rencontrez.

— Hormis vous.

Lord Sommerson regarda profondément Wilhelmine.

— Moi, comme les autres, depuis que je vous ai vu, je ne vois plus mon chemin.

Après avoir dit cela, Wilhelmine se révolta contre elle-même et voulut s'en aller. Mais, par une tactique savante, lord Sommerson la retint en lui disant :

— Vous n'avez rien à craindre, je ne vous aime pas.

Elle se retourna. Elle voulut lui prouver qu'il l'aimait.

Quand elle sentit qu'elle allait, elle aussi, tomber dans la gueule du loup, elle s'écria :

— Je veux bien vous aimer, mais je ne veux pas de vos poignards.

On s'aima donc. Lord Sommerson, plein de foi dans la vertu de ses poignards d'or, ne voulut pas tenir compte de la bravade de Wilhelmine. Il en prit un — un vrai bijou — pour le ficher dans sa belle chevelure brunissante, mais elle le saisit dans sa main et le jeta à ses pieds.

— Je crois que je suis perdue, dit-elle en pleurant, mais ce n'est pas ce poignard qui me sauverait.

Elle avait voulu jouer avec l'amour : elle s'enfuit et ne revint pas malgré les prières de lord Sommerson.

Eh bien, il lui porta malheur. Il y a des femmes qui se consolent de leur première chute dans les ivresses ou dans les troubles d'une seconde chute. Wilhelmine avait eu une heure de vertige, parce que lord Sommerson donnait le vertige ; mais elle s'était indignée contre elle-même, jusqu'à vouloir en mourir. Rien ne pouvait l'arracher au souvenir humiliant de sa faute. C'était l'enfant pris par le feu, qui s'enfuit avec épouvante, mais qui emporte le feu.

Wilhelmine sentit qu'elle serait consumée dans sa honte. Elle ne voulut plus reparaître dans le monde, elle repoussa les caresses de toute sa famille, elle s'enferma dans sa chambre comme dans une cellule, toute à son désespoir.

Lord Sommerson fut lui-même désespéré quand il apprit par une lettre incohérente cette retraite dans les larmes. Cette lettre était navrante ; la fierté qui se révolte contre la honte. La pauvre Wilhelmine s'efforçait d'y cacher son cœur blessé par des éclats de rire; mais il comprit et il regretta d'avoir été de moitié dans cette folie.

Il s'était imaginé que celle qui lui tombait sous la main était une de ces jeunes filles prédestinées au péché. Il l'avait prise en se disant :

— Autant moi qu'un autre.

Il n'avait pas compris que c'était une vertu qui s'immolait dans l'amour.

A la fin de la lettre, Wilhelmine, à moitié

folle, le priait de lui envoyer un de ses poignards d'or pour conjurer le mauvais esprit.

Il n'avait aucune raison pour ne pas obéir à ce caprice. La femme de chambre qui avait apporté la lettre reporta le poignard d'or.

Les journaux nous ont appris le reste. Le lendemain matin on trouva la jeune fille baignée dans son sang.

Wilhelmine n'avait pas mis le poignard d'or dans ses cheveux, elle s'en était frappé le cœur.

XVIII

Un divorce en l'an 1868

Quand vous verrez entrer dans un beau salon madame de l'Estang, une jeune veuve qui n'a pas attendu un an et un jour pour se remarier, étudiez-la bien. Elle est très heureuse de son nouveau mari, mais je ne jurerais pas qu'elle ne pense pas un peu à l'ancien.

C'est peut-être que l'ancien n'est pas aussi mort qu'il en a l'air.

Il s'appelait — de son vivant, ou plutôt dans sa première incarnation — le comte Jules de T.

On n'a jamais beaucoup parlé de lui; il était difficile d'en dire du mal, ce n'était pas la peine d'en dire du bien. En un mot, un homme comme un autre, né pour ne rien faire, inutile à tout le monde, excepté à lui-même et à son violoncelle.

Il n'aimait pas sa femme, sa femme ne l'aimait pas. C'était pis qu'un mauvais ménage. Figurez-vous un homme qui parlerait hébreu et une femme qui lui répondrait en chinois. Ils n'avaient jamais eu l'art de s'entendre. La femme n'était pas l'idéal du mari, le mari n'était pas le miroir de la femme. On les avait mariés sans qu'ils y prissent garde, parce qu'il fallait marier deux dots.

Ils s'ennuyèrent ainsi pendant vingt-cinq ans. Le mari avait pris une maîtresse, puis une seconde, puis une troisième; la femme menaçait toujours de prendre un amant.

Quand elle vit que la troisième jeunesse allait bientôt mourir en elle et autour d'elle, elle devint terrible. Elle reprocha à son mari le triste quart de siècle qu'elle lui avait donné sans qu'il en fît rien ; elle parla d'une séparation éclatante qui prouverait qu'elle était encore dans l'âge où les femmes se séparent.

Pour lui, c'était un esprit timide ; il voulait

bien n'avoir plus sa femme, mais il avait horreur du bruit.

— Ah! disait-il tout bas : si le divorce existait encore, comme je lui rendrais sa liberté! comme j'aimerais vivre dans quelque solitude perdue avec Coralie!

Coralie, ce n'était pas sa femme, c'était sa dernière maîtresse, une fille qui avait couru tous les hasards de l'amour et qui échouait au port de l'homme sérieux.

Le mari et la femme ne se parlaient guère depuis longtemps. Le 30 août 1868 ils eurent une conversation de quatre heures. Que se dirent-ils ? Je n'en sais rien, mais voici ce qui arriva :

N'avez-vous pas reçu cette lettre de faire part ?

Madame la comtesse de T—, Mademoiselle Paule, Monsieur Godefroy et Monsieur Albert de T—, Monsieur le marquis de P..., commandeur de la Légion d'honneur, ancien ministre plénipotentiaire; Monsieur Léon de R—, secrétaire d'ambassade; P—, Monsieur Anatole de V—, capitaine de vaisseau, *officier de la Légion d'honneur, commandeur de Saint-Maurice et Lazare, décoré du Medjidié, ont l'honneur de vous faire part de la perte douloureuse qu'ils viennent de faire en la personne de Monsieur*

Le comte Jules de T—, *leur époux, oncle, cousin, décédé à Paris, le 10 septembre 1868, en sa cinquante-quatrième année, muni des sacrements de l'Église.*

De Profundis.

Un de mes amis, qui avait reçu comme moi cette lettre de faire part, me manifesta le regret de n'avoir pas été convié aux funérailles.

— C'était un charmant homme, me dit-il, il aimait les arts, il raffolait de musique, on l'appréciait dans les coulisses de l'Opéra. J'aurais été charmé d'entendre pour lui ce beau *Miserere* qu'ils chantent si bien à la Madeleine.

C'était la première fois que je voyais regretter si gaiement de ne pas avoir assisté à une fête funèbre. Ce qui me rappela ce mot d'un oisif, qui s'écria, en apprenant la mort d'un de ses frères: « Cela tombe bien, je n'ai rien à faire demain. »

Un autre de mes amis me vint voir et me demanda de quoi était mort le défunt.

— Sans doute du mal de la vie.

En effet, ce qui l'ennuyait le plus au monde, c'était de vivre. Figurez-vous un lecteur qui aurait lu trois fois un roman ennuyeux, car sa vie n'était pas plus amusante que cela; après avoir bâillé trois fois à chaque feuillet, il avait sans doute fermé le livre avec l'idée de ne le plus rouvrir.

Je rencontrai le lendemain son neveu Godefroy de T— dans les allées solitaires du bois de Boulogne; quoiqu'il fût en deuil, il me parla de ceci et de cela comme un chroniqueur parisien qui ne voit rien, mais qui parle de tout.

— Apprenez-moi donc, lui dis-je tout à coup, comment est mort votre oncle?

— En vérité, je n'en sais rien; il paraît qu'il était à table, il lisait le journal du soir, il est tombé à la renverse, et tout fut fini.

— Le pauvre homme, sans avoir le temps de vous dire adieu?

— Il me serrait souvent la main avec une expression de tristesse, comme s'il eût pressenti que c'était la dernière fois.

— Vous savez qu'on se plaint beaucoup que l'enterrement se soit fait pour ainsi dire incognito ?

— Que voulez-vous ! Au mois de septembre ! J'étais ici tout seul de la famille ; mon frère est en Orient ; il y a six ans que ma mère n'a voulu voir son frère. Et puis, je suis de ceux qui n'ont pas l'orgueil du catafalque ; aussi, quand je mourrai, je veux le convoi du pauvre, je ne crois qu'à mon chien.

Voici tout ce que je sais d'officiel. M. Godefroy de T— partit bientôt pour Alexandrie, où l'attendait son frère. Il y a six mois, madame veuve de T— convola en secondes noces avec un jeune musicien, — car il y a beaucoup de musique dans cette histoire. — Voila un mariage des plus romanesques qui a fait beaucoup jaser dans Landerneau.

Or, que dit-on aujourd'hui ?

On dit que M. le comte Jules de T— n'est pas si mort que cela ; que, par une supercherie renouvelée des Grecs, il a liquidé sa vie passée pour essayer une nouvelle existence et pour rendre la liberté à sa femme.

L'ami qui regrettait de ne pas être à l'enterrement a passé l'été aux Pyrénées; comme c'est un curieux des vieilles architectures nationales, il a visité tous les châteaux, toutes les ruines, tous les pans de murs habillés de lierre parsemés dans les montagnes; il n'y a pas eu de désert pour lui.

Quelle n'a pas été sa surprise quand il a rencontré dans les ruines d'un manoir, non loin du château des Montespan, le mort de la lettre de faire part!

— C'est impossible! s'est-il écrié.

C'était si vrai, qu'il le salua, moitié souriant, moitié effrayé.

Le mort se leva froidement et voulut passer son chemin.

— Mais je ne me trompe pas, dit mon ami, c'est M. le comte Jules de T—!

— Non, monsieur, dit gaiement le mort.

A cet instant, une jeune femme, qui s'était attardée à cueillir des fleurs dans la montagne, vint prendre le bras du mort.

Mon ami salua une seconde fois.

— Je vous demande pardon, madame, mais...

La jeune dame s'était à peine inclinée, car le mort l'avait entraînée sans vouloir continuer la conversation.

Mon ami insista encore, sous prétexte de demander son chemin. Mais ni l'homme ni la femme ne répondirent.

C'est la comédie de la mort et de l'amour.

Un montagnard du voisinage lui apprit que l'homme et la femme étaient venus, depuis près de deux ans, habiter ce petit château ; ils vivaient là avec un seul domestique, plutôt en paysans qu'en gens titrés, sous le nom de M. et Mme Latour, comme dans *Paul et Virginie*.

Mon ami aurait bien voulu voir leurs papiers. Il a questionné le préfet des Hautes-Pyrénées, qui lui a répondu qu'il n'était pas le grand-inquisiteur ; que s'il y avait dans son département un homme et une femme qui vivaient heureux, il n'avait nul souci de leur demander leur secret.

En attendant, la veuve du vivant est plus jeune que jamais. Elle s'imagine que ses quarante-trois ans ne sont pas inscrits sur sa figure, parce que son second mari n'a que trente-sept ans. Elle est de toutes les courses et de toutes les fêtes avec sa gorge somptueuse, sa figure peinte et ses yeux maquillés.

Il faut bien que jeunesse se passe !

XIX

Madame Ajalbert

On vit passer monsieur et madame Ajalbert, un homme et une femme qui avaient l'air faits l'un pour l'autre. Il avait la beauté du caractère, elle avait la beauté de la grâce. Elle était appuyée à son bras avec l'abandon de l'amour ; il lui parlait avec la douceur de la reconnaissance, car c'est un homme heureux.

— Si je vous disais, dit Monjoyeux, que ceux-là ne sont pas mariés, vous ne me croiriez pas, puisqu'on les rencontre dans une aussi bonne maison.

— Non certainement, s'écria Villeroy.

— Eh bien ! je vous le dis : ce n'est pas

le mari et ce n'est pas la femme, mais elle et lui peuvent passer devant nous qui sommes — des moralistes — avec la vaillance au cœur et la fierté au front. Écoutez plutôt. Avez-vous ouï parler de la catastrophe de ce grand navire américain, l'*Hercule,* qui fut incendié et noyé ? Ç'a été le désastre des désastres. L'incendie a éclaté comme un feu d'artifice. Beaucoup de familles dans ce navire, beaucoup de femmes, beaucoup d'enfants. Tout cela s'était jeté effrayé et éperdu à l'avant du navire. C'était la mort dans la vie.

Cette femme était là avec son mari, s'attachant à son bras, priant Dieu pour lui. Tout à coup, huit chevaux qui étaient à bord se précipitent vers les passagers pour fuir les flammes. C'est un massacre, les bêtes sont folles et piétinent les enfants dans leur colère. C'était la nuit : vagues de flammes, vagues de mer, vagues de sang. On ne trouve plus qu'une chaloupe. Le mari de cette femme s'y précipite avec les matelots, s'arrachant à ce bras qui lui demandait la vie, s'arrachant à cette voix qui lui parlait d'amour. C'en est fait, il est parti, la femme tombe agenouillée pour mourir en Dieu. Un homme est là qui la regarde, résigné lui-même à mourir ; mais l'indignation contre le mari, mais la pitié pour la femme, lui donnent un courage surhumain. Il n'y a plus de chaloupe, mais il y a encore la Providence. Il saisit la femme, il se précipite à la mer, il fait des prodiges. Il va succomber dans un grand cri de douleur, quand il voit s'approcher une planche toute fumante encore. C'est la planche de salut. Et il a revu le rivage!

— Madame, dit-il à celle qu'il a portée dans ses bras, vous voilà sauvée. Adieu!

A ce moment même le mari reparaît.

Pourquoi ne pas jeter son nom à l'indignation publique? Il se nommait M. de Pommerolles.

— C'est-toi! crie-t-il à sa femme.

— Non, monsieur, ce n'est plus moi, répond-elle avec dignité.

Et le mari croit sa femme folle.

— Tu ne me reconnais pas?

— Je ne sais pas si je vous ai connu, monsieur, mais je ne vous connais pas.

Et ce bras, fidèle jusque-là, elle l'attache saintement à celui qui l'a sauvée.

— Voilà mon mari! dit-elle hautement devant tous les passagers qui avaient abordé.

Et depuis, ils vivent au grand jour, l'un par l'autre, l'un pour l'autre.

— Oui certes, dit Villeroy, madame de Pommerolles est bien la femme de M. Ajalbert par la grâce de Dieu. Il y a de saintes bigamies.

XX

L'amour ne vit que dans les obstacles

Un des spectacles les plus curieux et les plus émouvants est celui que donne deux fois par semaine chacune des vingt mairies de Paris.

L'an passé, j'accompagnais, à la mairie de l'Opéra, une jeune fiancée dont je ne vous dirai pas l'histoire; mais j'appris un mariage étrange et mystérieux. J'avais vu monter dans un landau, un jeune homme fort pâle et une jeune fille qui semblait sortir du tombeau. On eût dit des fiancés de la dernière heure.

Écoutez cette histoire :

Il y a vingt-trois ans, un enfant venait au monde incognito, rue de Grenelle ; c'était le fils d'une institutrice, — toujours les institutrices! — Celle-ci fut cruellement punie d'avoir péché, car elle mourut en couches.

Il resta l'enfant.

Le père était tout simplement un pair de France, un parvenu du règne de Louis-Philippe, qui avait gagné sa fortune dans les machiavélismes innocents de la politique.

Il avait épousé une de ces femmes bien connues alors qui s'étaient modelées sur les créations de Balzac, après avoir lu *le Lis dans la vallée*. Celle-ci vivait dans un petit château, toujours amoureuse en rêve, ne voyant presque jamais son mari, tant elle avait peur des réalités bourgeoises. La pauvre rêveuse ne survécut que peu de jours à l'institutrice.

Mais quoique le mari ne fût plus le mari de sa femme, il ne pouvait pourtant pas aller, à la mairie de la rue de Grenelle, déclarer avec deux témoins que l'enfant qui venait de naître était de demoiselle Théodule-Malvina Carrière et de lui-même, Pierre-Antoine ***, pair de France, commandeur de la Légion d'honneur et grand-croix d'Isabelle la Catholique.

On pouvait bien mettre : *père inconnu,*

mais le pair de France n'avait qu'une fille et il regrettait fort de ne pouvoir donner son nom, qui fut célèbre un instant, à ce fils de l'amour.

Un de ses frères, qui attendait de lui sa fortune, était témoin de ses anxiétés et de ses douleurs, car il pleurait à vraies larmes la malheureuse institutrice.

— Eh bien, cet enfant, lui dit-il, que vas-tu en faire ?

— Ce que je veux en faire ? Je veux qu'il soit mon fils ; il sera mon fils, et mon plus grand chagrin, c'est qu'il ne puisse porter mon nom.

— Qu'à cela ne tienne, dit le frère, moi qui n'ai rien à risquer, ni femme, ni position, je vais le reconnaître.

Les deux frères se jettent dans les bras l'un de l'autre.

— Tu me sauves l'honneur, car cette femme qui vient de mourir chez moi, cet enfant qu'on n'a peut-être pas bien caché, tout m'accuserait. Et puis, ma femme est si romanesque ! Elle voit la duchesse d'Orléans et pourrait me faire un très mauvais parti à la Cour.

Mais je me hâte de sauter à pieds joints par-dessus ce prologue de mélodrame, car ces amours d'institutrice et de pair de France ressemblent trop à un roman de l'Ambigu-Tragique.

Le pair de France fut si content de son frère, que celui-ci devint receveur général et se maria avec une des riches héritières du Bordelais, quoiqu'il eût déclaré que l'enfant, qui vivait tantôt avec lui, tantôt avec son frère, était bien son fils.

Un an après son mariage, il avait une fille.

Trois années seulement séparaient ces deux enfants. Jamais frère et sœur ne s'étaient mieux entendus.

Les années de collége et de couvent, tout en éloignant Guillaume de Marguerite, ne firent que rapprocher leurs cœurs. Pendant les vacances, ils ne se pouvaient quitter; quand l'ex-pair de France, — car la révolution de février avait passé par là, — invitait Guillaume dans son hôtel ou dans son château, Marguerite, sous prétexte d'aller voir sa cousine, accompagnait toujours son frère.

Vint le temps, le beau temps celui-là, où le

jeune homme sortit de la prison du lycée, la jeune fille du Sacré-Cœur. Toute l'année en vacances ! ce fut le paradis sur la terre : — Mon frère ! — Ma sœur ! — Que tu es beau ! Que tu es belle ! — Comme je t'aime ! — Comme c'est bon d'embrasser sa sœur !

C'était du Chateaubriand tout pur.

Tout le monde s'étonnait de cette intimité du frère et de la sœur.

— Mon père, dit un jour la fille de l'ex-pair de France, sais-tu que Guillaume et Marguerite sont ridicules !

— Pourquoi donc, mon enfant ?

— Figure-toi que, sous prétexte d'étudier son droit, Guillaume fait de la tapisserie avec Marguerite, et que Marguerite, sous prétexte qu'elle n'aime pas le bal, passe toutes ses soirées à lire avec Guillaume.

Un trait de lumière passa, pour la première fois, dans l'esprit du père.

— S'il l'aimait ! se dit-il à lui-même.

Il regarda de plus près, et surprit ce secret terrible que le *frère* et la *sœur* ne s'avouaient pas à eux-mêmes. Il rappela son frère, qui était en voyage.

— Tu ne sais pas ? Guillaume aime Marguerite.

Le père de Marguerite eut peur.

— Mais Marguerite n'aime pas Guillaume, dit-il, comme en interrogeant son frère.

— Tu ne vois donc pas comme elle est pâle et inquiète ; ce cœur-là souffre, cet esprit-là cherche ; Marguerite sent un abîme devant elle.

— Oh ! mon Dieu ! qui pouvait se douter qu'un pareil malheur nous atteindrait ?

— Je vais faire voyager ton fils, — mon fils ! Je vais partir avec lui. — Pendant notre absence, je te confie ma fille ; tâche de marier la tienne, je mets cent mille francs dans la corbeille.

Et les deux frères s'embrassèrent avec effusion comme le jour de la naissance de Guillaume.

L'ex-pair de France voyagea avec son fils. Les adieux furent déchirants ; Guillaume promit d'écrire tous les jours : ce n'était pas assez, Marguerite voulait tous les jours une lettre et une dépêche télégraphique.

Quinze jours à peine s'étaient passés que le

père de Marguerite arrivait à l'improviste avec un auditeur au conseil d'État dans le petit salon de son appartement où babillaient les deux cousines.

Sans doute on parlait de Guillaume; le père présenta M. ***, qui fut deux heures durant spirituel comme un auditeur au conseil d'État. Après le thé, la cousine étant allée se coucher, le père annonça à Marguerite que M. *** était un mari accompli.

— C'est pour cela, dit Marguerite, que je n'en veux pas ; d'ailleurs, ni celui-ci ni aucun autre.

— Que voilà une belle idée! dit le père. Et pourquoi donc ?

— Parce que je veux vivre avec toi et avec mon frère. Se marier, tu le sais bien, c'est épouser le malheur; regarde plutôt autour de nous, toutes mes amies mariées pleurent.

Vainement le père insista ; il parla d'un jeune colonel, d'un savant, d'un conducteur de cotillon : la jeune fille fut stoïque en ses conclusions.

Elle finit par dire un jour à son père avec un air inspiré :

— Je me marierai dans le ciel.

— Qu'est-ce que cela veut dire, Marguerite ?

— Cela veut dire que, si tu me tourmentes encore, j'irai m'ensevelir au couvent.

Et elle poursuivit avec une tristesse inexprimable, tout en essayant de sourire :

— Ce n'est pas la peine, j'ai si peu de temps à vivre !

— Quelle idée ! toi qui n'as jamais été malade.

Et le père appuya sa fille sur son cœur sans pouvoir retenir ses larmes.

— Je suis malade de la pire des maladies, malade du cœur, malade de l'âme.

— Je ne comprends pas, parle-moi, parle-moi, je t'en supplie.

— Tu comprendrais encore bien moins si je te parlais.

Ce fut en vain que le père insista ; le lendemain il trouva sa fille couchée avec la fièvre ; elle avait reçu une lettre de Guillaume qui lui annonçait qu'au lieu de revenir bientôt il partait pour les Indes, par ordre de son père.

— Papa, si mon frère ne revient pas, je vais mourir.

La fièvre avait saisi Marguerite ; toute la Faculté fut appelée, on lui trouva vingt maladies qu'elle n'avait pas ; aucun des illustres médecins ne découvrit la vraie ; je me trompe, M. Bouillaud prit le père à part et lui dit :

— Votre fille va mourir d'un chagrin d'amour. C'est contre cette maladie-là que nous ne pouvons rien ; ne comptez donc pas sur moi, je ne reviendrai pas.

Il n'y a que les grands médecins qui aillent jusqu'au cœur.

Le père se rappela alors les paroles de sa fille : *Je vais mourir si Guillaume ne revient pas.* Il envoya une dépêche télégraphique qui atteignit son frère à Naples :

Revenez, revenez, Marguerite se meurt.

Quand Guillaume arriva, il était mourant lui-même ; il se jeta dans les bras de Marguerite comme s'il eût dû lui laisser son âme.

— Dieu soit loué ! lui dit-elle, je puis te dire adieu avant de mourir !

— Mourir ! tu veux donc que je meure aussi ?

Les deux pères étaient là.

— Vous ne mourrez ni l'un ni l'autre, dit le vrai père de Guillaume, puisque vous avez, contre notre attente, trahi une supercherie dont je ne vous dirai pas la raison. Puisque vous vous aimez comme des amoureux, vous qui ne deviez vous aimer que fraternellement...

Marguerite était pâle comme une morte, Guillaume n'osait écouter. Il semblait que Dieu lui-même allait parler.

— Sachez donc, Marguerite, que vous n'êtes pas la sœur de Guillaume !

La jeune fille poussa un cri de délivrance et s'évanouit. Guillaume l'embrassa si doucement qu'elle revint à elle plus d'à moitié guérie.

— Mais c'est donc un miracle ! dit-elle. Ah ! comme je t'aime maintenant que tu n'es plus mon frère !

Elle dit ces mots si bas que Guillaume les entendit à peine.

Cependant les deux pères désespérés tenaient conseil : la loi était là, inflexible et inviolable, ils l'avaient trahie, et elle se retournait contre eux.

— Il faut pourtant, dit l'ex-pair de France, que je fasse rectifier cet acte de naissance.

— C'est impossible ! dit le père de Marguerite.

— Je sais bien que c'est impossible, mais je le ferai.

— Comment ?

Deux mois après, ceux-là qui avaient été frère et sœur, cousin et cousine, sont aujourd'hui des époussés en pleine lune de miel.

Vous croyez qu'à cette heure Marguerite est aux anges et Guillaume bien heureux ? il faut en rabattre de beaucoup.

Après six mois de mariage, ces amoureux enragés, — Guillaume, qui aurait fait la conquête de la toison d'or pour épouser Marguerite, Marguerite, qui eût traversé l'Hellespont pour tendre la main à son cousin, — eh bien, ils ne s'aimaient plus que comme frère et sœur.

Les belles fureurs de la passion, les aspirations vers l'impossible, les désespoirs de n'être pas allés ensemble à l'autel et au lit nuptial, tout cela s'était évanoui.

Si bien que déjà on assure que Guillaume

ne jure que par madame d'Argicourt, sa voisine de campagne, tandis que Marguerite ne jure que par le prince Rio, qu'elle accapare dans tous les salons et qu'elle condamne à ses menus propos.

L'amour n'est donc toujours qu'un steeple-chase.

Dès qu'il ne court plus d'obstacles et de dangers, il mange son foin au râtelier ; il ne danse plus, il ne piaffe plus, il ne hennit plus.

XXI

Brune et blonde

Et combien d'autres histoires détachées du livre de la vie contemporaine on contait ainsi chez Violette et chez madame de Montmartel ! Le roman de cette bouquetière de Mabille qui vient de se marier avec le comte de ***, pour entrer de plain-pied dans un hôtel et dans un château. — L'équipée de cette grande dame enlevée par un homme qui n'est pas à la hauteur de sa bonne fortune, et qui, à la première station, s'écrie : « Ce n'est que cela ! » — L'aventure de mademoiselle***, qui disparaît de la maison paternelle et qu'on retrouve le lendemain faisant la petite guerre à Vincennes —

elle, petite-fille d'un maréchal de l'empire ! — Et ces quatre étoiles des Folies-Marigny, qui jouaient en même temps dans je ne sais plus quoi, sans souci de leurs noms héraldiques.

On criait à l'invraisemblance de toutes ces histoires, mais les conteurs les marquaient au coin de la vérité, parce qu'ils y avaient toujours joué un rôle.

Ce n'était pas d'ailleurs pour malmener les femmes qu'on parlait d'elles; on leur donnait le bénéfice du péché originel. On ne condamnait pas l'humanité, parce qu'elle a des défaillances, parce que Dieu a imposé le mal à côté du bien, parce que le spectacle de la nature prêche l'expansion dans l'amour. Et d'ailleurs, le monde n'a-t-il pas toujours été ainsi? Quand donc la passion a-t-elle porté un cilice?

Madame de Montmartel, belle paresseuse qu'elle était, ne voulait rien conter, non plus que Violette. Elles étaient presque toujours assises l'une à côté de l'autre, comme pour se faire contraste ou plutôt comme pour créer un tableau harmonieux. On avait sous le même regard la beauté blonde et la beauté brune dans ses deux expressions les plus charmantes, parce que la blonde avait l'œil noir et que la brune avait l'œil bleu.

En voyant les deux amies, tous les hommes se disaient que c'étaient bien là les deux plus adorables créatures de Paris. Mais quoique Violette eût passé pour une fille perdue et que madame de Montmartel fût toujours surnommée Messaline blonde, on savait bien que c'étaient deux beautés imprenables. Violette représentait la vertu rentrée en possession d'elle-même après une passion fatale, et madame de Montmartel était le symbole de ces âmes pécheresses qui font des coquetteries à tout le monde, mais qui sont défendues par les fiertés dédaigneuses de l'épiderme. Elle disait toujours à ses amoureux : « Amusez mon esprit, mais ne me touchez pas. »

LIVRE III

LA FEMME DE NEIGE

L'histoire, c'est le roman épique; le roman, c'est l'histoire intime.

Dans le roman, il faut que la vérité se déchire le cœur et dise : « Voilà comme il battait! »

**

Les stoïques disent : Rentrez au dedans de vous-mêmes. C'est là où vous trouverez votre repos; et cela n'est pas vrai. Les autres disent : Sortez dehors, et cherchez le bonheur en vous divertissant; et cela n'est pas vrai. Le bonheur n'est ni dans nous, ni hors de nous, il est en Dieu.

Pascal.

La femme se console parce qu'elle pleure.

**

L'amour des beautés byzantines est doux à cueillir comme les roses sauvages, dont la pâle senteur ne pénètre que l'âme; on a je ne sais quelle chaste joie à se déchirer les mains à ces églantiers qui ont plus d'épines que de fleurs.

**

L'amour de certaines femmes donne la mort, mais quelques hommes s'y habituent, — comme Mithridate au poison. — Mais combien de femmes qui ne s'habituent pas au poison!

***

Le paradis n'est pas un rêve des poètes : c'est un pays dont nous nous souvenons. Hier nous répond de demain. La soif de la pomme amère ne s'apaisera qu'aux fontaines de l'Éden.

***

Qu'est-ce que prouve la vie? La mort. — Qu'est-ce que prouve la mort? La vie. — Qu'est-ce que prouvent la vie et la mort! L'amour.

***

On cherche toujours sa première maîtresse dans la seconde; voilà pourquoi la seconde maîtresse est celle qu'on aime le plus.

***

La fidélité qui paraît en la plupart des hommes n'est qu'une invention de l'amour-propre pour attirer la confiance; c'est un moyen de nous élever au-dessus des autres.

LA ROCHEFOUCAULD.

Aujourd'hui l'amour moraliste dirait : « L'infidélité. »

Depuis que l'homme a perdu le vrai bien, il l'a cherché dans la volupté, comme celui qui poursuit le soleil à son coucher croyant poursuivre la lumière.

***

I.

*Comment La Chanterie sauva les dix-huit
mille francs de Miravault*

PENDANT que la marquise de Néers pleurait ses péchés dans les Ardennes, que la comtesse de Montmartel étreignait l'infini dans l'océan de Trouville, que Bérangère devenait de plus en plus la vraie femme de Monjoyeux, que Violette était inconsolable de n'être plus consolée par lord Sommerson, que la marquise de La Chanterie prenait à la vie courante les belles heures de la rêverie et de la quiétude, La Chanterie et Miravault étaient partis pour

Ems, en disant à Paris qu'ils allaient étudier un crédit foncier au delà du Rhin.

Ils voyageaient — par hasard sans doute — avec Mlles Trente-Six-Vertus, Fleur-de-Pêche, Sarah et Léonie, deux nouvelles planètes.

A Paris, La Chanterie et Miravault jouaient à la Bourse, naturellement ils jouèrent à la Bourse à Ems. A la Bourse de Paris, La Chanterie jouait sur le trois pour cent français, Miravault sur le cinq pour cent turc ; à la Bourse d'Ems, le premier jouait au trente et quarante, le second à la roulette.

Ce sont les valeurs nationales du pays.

On a beau jouer avec l'argent des autres, on finit par n'avoir plus d'argent. La Chanterie fut le premier décavé ; il fut d'autant plus furieux qu'il était aux trousses d'une ingénue qui était venue jouer les hommes à Ems. C'était un parfait mari, il aimait beaucoup sa femme ; mais à Ems on croit volontiers à la pluralité des femmes. Ems n'est-il pas un peu le carnaval de l'argent et de l'amour ?

Or, le jour où La Chanterie fut décavé, voilà que, par un miracle inespéré, Miravault accourt chez lui et lui jette au nez une poignée de billets de mille francs. Il y en avait dix-huit.

C'est mon dernier coup de fortune, lui dit-il, je ne veux pas retourner à Paris sans argent. Je te confie ces dix-huit mille francs comme je les confierais à la Banque de France elle-même. Je ne garde pour moi qu'un peu d'argent de poche, à peine cinquante louis.

— Comment diable as-tu gagné cela ?

— Tu sais, je crois au trente-six, j'ai trente-six ans, c'est mon dernier jour de jeunesse. Le trente-six est sorti trois fois. Léonie m'a porté bonheur, elle a conjuré le zéro, le double zéro, en jouant dessus. Et puis elle a dix-huit ans, je l'aime pour deux : dix-huit et dix-huit font trente-six. Adieu.

Et, selon sa coutume, Miravault voulut s'envoler.

— Voyons ! ne t'en vas pas, repose-toi sur tes lauriers, raconte-moi tes émotions.

— C'est déjà oublié; je n'ai pas le temps; je cours rejoindre Léonie. Tu comprends bien que ce n'est pas à elle que j'ai voulu confier ces dix-huit mille francs.

— Attends-moi.

La Chanterie avait mis les billets de banque dans son portefeuille.

— Tu sais, lui dit Miravault, cet argent est sacré, tu me jures que, quoi que je fasse, tu ne me le rendras pas à Ems, car, je me connais, je le jouerais et je le perdrais. Tu me le rendras à Paris plus loin que la gare de l'Est, car je serais capable de rebrousser chemin.

La Chanterie frappa sur le portefeuille.

— Je te jure sur ta tête et sur la mienne que je ne te rendrai cet argent qu'à Paris plus loin que la gare de l'Est. Quoi que tu dises, quoi que tu fasses, je serai devant toi comme un roc. En un mot, puisque j'accepte le dépôt, cet argent n'est plus à toi, il est à moi.

— Tu me connais, je suis bien capable aujourd'hui même de te supplier de me donner trois ou quatre mille francs.

— Je te connais, je ne te donnerai rien du tout. A peine cinq louis pour prendre le chemin de fer.

Miravault serra la main de La Chanterie.

— C'est dit !

— C'est juré !

Quoique La Chanterie eût dit à Miravault

de l'attendre; il s'aperçut que son ami avait pris les devants, lorsque mademoiselle Sarah entra.

Elle venait tout justement lui parler d'amour et d'argent. Quand elle parlait d'amour, elle voulait dire : donne-moi vingt-cinq louis; quand elle parlait d'argent, elle vous mettait la main sur son cœur.

La Chanterie était trop bon diable pour ne pas se laisser faire. Il voyait bien le dessous des cartes, mais il aimait le jeu.

Mademoiselle Sarah commença par parler amour.

— Je comprends, lui dit-il; mais je n'ai pas d'argent ; tu sais qu'il ne faut plus m'en demander à Ems. A Paris, on ne sait pas !

— A Paris, c'est l'autre monde. Cherchez bien si vous n'avez pas un billet de mille francs dans votre papier à cigarettes. Après tout, il n'est pas impossible que je vous le rende, car je n'oublierai pas que ce billet de mille francs me sauvera l'honneur.

Sarah avait les yeux les plus caressants du monde, les yeux d'une femme qui va jouer son tout au trente et quarante.

La Chanterie n'y résista pas. Après tout, puisqu'il avait juré qu'il ne rendrait pas à Bade les dix-huit mille francs à Miravault, il pouvait bien donner un billet à mademoiselle Sarah. Il le lui donna.

— Venez avec moi, lui dit-elle, vous me porterez bonheur. Je sens que je vais faire sauter la banque. Je pars de cinq cents francs, je passe trois fois, j'empoigne quatre mille francs, et je vais me promener. Une demi-heure après, je recommence. Cette fois, je pars de mille francs.

— Et moi je pars de zéro, dit La Chanterie en descendant l'escalier avec mademoiselle Sarah.

Ils furent bientôt au jeu. Quand un homme est dans le jeu d'une femme, il se compromet parce qu'il la conseille. Sarah perdit deux fois en changeant de couleur. La Chanterie jeta un autre billet de mille francs, puis un troisième, puis un quatrième, puis un cinquième.

Il lui restait treize mille francs. Il s'impatienta, et joua le maximum.

— C'est pour nous deux, dit Sarah.

Les six billets allèrent à la banque.

Ce n'était plus la peine de garder le reste, La Chanterie voulut prendre sa revanche. Mais la fortune a de ces coups-là, elle vous égorge souvent sans vous laisser respirer.

— Eh bien, dit La Chanterie, nous n'avons plus de soldats pour la bataille.

Il lui restait un billet de mille francs, il le jeta et s'en alla s'imaginant que la fortune courrait après lui.

Mais la fortune était cruelle ce jour-là, elle ne le rappela pas, elle dévora les mille francs d'adieu.

— Quand on pense, dit mademoiselle Trente-six-Vertus, que La Chanterie s'en va avec des illusions.

Ladite demoiselle n'en avait jamais eu.

Fleur-de-Pêche piqua sa carte en disant :

— Ce qui vient de la Bourse retourne à la Banque.

On a beau faire bon marché de la veine et de la déveine, on est toujours un peu mélancolique quand on s'en va sans argent. On a beau être un héros, on n'est pas content quand on a perdu la bataille et que les meilleurs soldats mordent la poussière. La Chanterie se promena silencieusement avec Sarah devant les marchands de cristaux.

— Combien ces horribles vases en tulipes ? demanda-t-il à la marchande.

— Cent florins, monsieur.

— Va pour cent florins, dit La Chanterie, je ne marchande pas avec ma colère.

Et il brisa les deux vases en mille éclats de deux coups de canne bien frappés.

— Vous n'êtes pas gentil, dit Sarah, de ne m'en avoir pas laissé casser un.

La Chanterie avait repris toute sa sérénité. Il paya les deux vases, il tendit la main à Sarah et il retourna à l'hôtel. Je n'étonnerai personne en disant que Miravault l'attendait.

— Figure-toi, lui dit son ami, que je suis furieux.

— Quoi ! tu ne sais pas encore dominer tes colères ?

— Furieux, te dis-je. Léonie a voulu jouer, naturellement elle a perdu, je n'ai plus un sou ; donne-moi deux mille francs.

La Chanterie prit les deux mains à Miravault et le regarda dans le blanc des yeux.

— Es-tu devenu fou ! c'est à moi que tu demandes deux mille francs! Mais ne te souviens-tu donc pas que j'ai juré sur ta tête et sur la mienne?

— Voyons! ne dis pas de bêtises.

— Tu m'as donc pris pour un idiot? Mon cher, si tu es un fou tu ne m'empêcheras pas d'être un sage. Tu auras beau me prier...

— Ne perdons pas de temps, donne-moi tout de suite deux mille francs.

— Je ne te les donnerai pas.

— Eh bien, alors donne-moi tout.

— Rien!

— Je suppose que tu ne parles pas sérieusement.

— Très sérieusement, je ne démorderai pas d'un mot. As-tu compté tes dix-huit mille francs à un honnête homme ou à un imbécile?

— Je les ai confiés à un ami, et non à M. Prudhomme.

— M. Prudhomme a du bon, l'honneur est le plus beau jour de sa vie.

Miravault regarda à sa montre, cette montre célèbre qui avançait toujours.

— Tu me fais perdre un temps précieux.

— En te faisant perdre du temps, je te fais gagner de l'argent.

— Tu veux me pousser à bout.

— Je veux te pousser à la raison. Songe donc à la joie que tu auras quand je te donnerai tes dix-huit mille francs en plein boulevard des Italiens! Ce sera pour toi la fortune là-bas; ici, qu'est-ce que cela? Un coup de cartes.

— Des lieux communs! vite! vite! vite!

Miravault tendait la main.

— Quelles que soient tes prières, je ne t'écouterai pas!

— Ah! par exemple, tu commences à m'indigner! Je ne suis pas un gamin. J'ai dans les mains un dépôt sacré, j'ai juré....

— Voilà que tu parles de serment! si ce n'est que ça, je te relève du tien.

— Non, tu ne peux pas défaire ce que tu as fait.

— C'est trop fort! tu vas m'obliger à te dire des injures.

— Injures ou prières, cela m'est bien égal. Tu te sauvegardes contre toi-même; c'est mon devoir. Si tu n'es pas content, va te promener.

— Va te promener! va te promener toi-même.

Le duo ne finit pas là. Miravault continua à prier et à menacer. La Chanterie fut un roc. Miravault eut toutes les éloquences, La Chanterie se réfugia sur le point d'honneur.

A la fin, Miravault tomba dans une telle fureur qu'il proposa un duel à son ami.

— Je veux bien, dit La Chanterie, mais à une condition : c'est que, si je suis tué, tu ne toucheras les dix-huit mille francs qu'à Paris et en personne.

C'était l'heure du dîner, Léonie et Sarah se promenaient devant l'hôtel.

— Tiens! dit tout à coup La Chanterie à Miravault, voilà le vrai duel : l'homme et la femme, voilà les vrais ennemis.

Les deux femmes firent signe aux deux amis en ouvrant une grande bouche qu'elles mouraient de faim.

— Allons dîner, dit La Chanterie, nous les ferons juges de la question.

On dîna sous les arbres, devant le palais du trente et quarante.

On était entre deux bouteilles de vin du

Rhin, et deux bouteilles de vin de Champagne, quand deux jeunes dames, qu'on n'avait pas attendues, vinrent s'asseoir à la table voisine. Elles venaient d'arriver par le train du soir, elles avaient encore leurs robes de voyage; c'est à peine si elles s'étaient débarbouillées et défripées. Mais on voyait tout de suite que c'étaient là des femmes du meilleur monde.

Le premier mot que l'une dit à l'autre en s'asseyant fut celui-ci :

— Voyez donc, Violette, nous sommes en pays de connaissance.

La Chanterie avait reconnu la voix de sa femme.

— Escamote mon couvert, dit-il à Miravault.

Il se précipita vers la marquise.

— Quelle bonne fortune ! lui dit-il en voulant l'embrasser. Voilà donc pourquoi je n'ai pas reçu de lettres ce matin.

— Oui, répondit-elle en le tenant à distance avec son éventail, j'aime les surprises. Mais je ne vous ai pas invité à dîner : retournez avec ces dames.

II

Pourquoi Violette avait entraîné la chanoi-nesse à Ems

Le chanoinesse avait trop d'esprit pour faire une scène. Elle avait surtout épousé La-Chanterie pour être marquise et pour faire oublier La Rosa : elle n'était donc qu'à moitié jalouse. Elle se contenta de savourer l'ébahissement de mesdemoiselles Sarah et Léonie.

— Quelle est la vôtre ? demanda-t-elle à La Chanterie.

— La belle question ! répondit-il, c'est la plus jolie.

— C'est avec ces dames que vous fondez une société de crédit en Allemagne ?

— Oui, ces dames appartiennent au monde diplomatique...

— Et au monde des affaires, et à tous les mondes. Je ne viens pas jouer aux quatre coins, retournez dans votre société de crédit. Ce n'est pas pour vous que Violette m'a entraînée ici.

La scène ne fut pas plus bruyante que cela, mais on faillit en arriver à une séparation de corps.

On sait que Violette était toujours un trait d'union : elle donna raison à la femme, elle ne donna pas tort au mari. Madame de La Chanterie pardonna, comme pour prouver qu'il n'y avait rien de bien sérieux dans son ménage.

— Je ne pardonne que parce que cette fille était jolie, dit-elle d'un air dégagé.

Violette avait entraîné la chanoinesse rousse à Ems et à Coblentz pour questionner encore les témoins de la mort du duc et de la duchesse de Parisis. Elle s'obstinait à vouloir que son cousin eût survécu ; elle disait à tout instant :

— J'ai beau aimer lord Sommerson, je sens qu'Octave n'est pas mort.

La Chanoinesse

Mais c'était autant l'inquiétude que l'amour même qui la possédait, comme si elle eût craint de voir réapparaître le duc de Parisis un jour où elle serait avec le marquis de Sommerson.

Si les morts revenaient, combien peu parmi les plus aimés qui trouveraient que leur place n'est plus de ce monde, parce que leur place est prise, de quelque côté qu'ils se tournent ! C'est pour les revenants qu'il faut dire : Mieux vaut jamais que tard.

A force de vouloir se rappeler la figure d'Octave, Violette avait fini par en altérer le souvenir. Elle n'avait pas un seul portrait ressemblant; quoique son âme fût un miroir fidèle, lord Sommerson avait soufflé sur la glace, ou plutôt il avait tant de fois mis sa figure sur celle d'Octave qu'elle les confondait.

A Ems, elle fit une enquête avec la profondeur de vue d'un procureur impérial. Cette fois, elle ne voulait pas retourner en France sans avoir une certitude.

Tout justement, le second jour de son arrivée, elle rencontra la charcutière de Coblentz qu'elle n'avait pas trouvée chez elle, au milieu de ses jambons. Cette femme venait se pavaner dans ses écus, elle prenait des airs penchés pour avoir le droit de boire l'eau salutaire. C'était elle qu'on ne reconnaissait pas.

— Voilà la servante de l'hôtel de Russie, dit Violette à madame de La Chanterie.

Elles allèrent rapidement vers cette femme.

— Il ne faut pas qu'elle nous échappe, dit Violette à son amie.

Elles l'arrêtèrent et la questionnèrent à brûle pourpoint.

— Que voulez-vous que je vous dise, murmura l'Allemande? je vous ai conté toute l'histoire.

— Quoi ! vous êtes bien sûre que le duc de Parisis n'est pas mort de ses blessures à l'hôtel de Russie.

— J'en suis d'autant plus sûre qu'à cette heure même il est vivant.

— Vivant !

Violette pâlit et s'appuya sur Eva.

— Oui, vivant, car il n'y a pas longtemps que je l'ai vu passer à Coblentz. Je lui ai fait signe de la tête, mais il ne m'a pas reconnue.

Il était, comme toujours, avec madame de Thorshawen.

Les deux amies se regardaient et regardaient la charcutière en silence.

— Nous sommes gens de revue, reprit cette femme, je suis attendue à la musique. Je vous salue bien, mais ce soir nous nous reverrons dans les salons.

Quand Violette et la chanoinesse furent seules, elles voulurent pénétrer dans ce mystère par toutes les visions de l'esprit.

— Si Octave de Parisis vivait, dit Violette, il serait revenu à Paris.

— Mais non, ma chère Violette, je comprends bien qu'il n'y donne pas de ses nouvelles. Quelle figure faire après cette horrible catastrophe ? S'il vit, il a bien raison d'avoir changé de pays, puisqu'il ne pouvait pas changer de figure.

— Où le trouver ? murmura Violette

— Courir le monde pour le rencontrer c'est chercher une aiguille dans une botte de foin. Rassurez-vous, un jour il viendra frapper à votre porte.

A cet instant, le marquis de Sommerson

passa devant le Kursaal, traînant au bras une femme malade.

Violette porta la main à son cœur.

— Oh ! mon Dieu, dit-elle, j'ai cru que c'était lui !

— Voilà ce qui aura trompé la charcutière, remarqua madame de La Chanterie.

Lord Sommerson, qui paraissait distrait, aperçut tout à coup Violette et son amie. Il ne put cacher un mouvement de surprise, mais tout aussitôt il salua les deux dames de l'air du monde le plus gracieux.

La femme malade qui était avec lui parut curieuse de savoir le nom des deux dames qu'il avait saluées.

Je ne sais ce qu'il lui répondit, mais elle se détourna pour les regarder une seconde fois.

— Cette femme est bien malade, dit la chanoinesse.

— C'est une ombre, dit Violette. Mon impression a été d'autant plus forte qu'à première vue, je me figurais que c'était le fantôme de Geneviève.

— La pauvre femme ! elle n'en a pas pour six semaines.

— Comme elle a dû être belle ! mais elle n'a plus que ses yeux.

— Et ses cheveux ! Voyez donc, on n'est pas blond comme ça en France.

— Mais c'est la chevelure de mademoiselle Nilsson !

— Plus éteinte encore, les pâleurs blondes du soleil levant.

— Hélas ! c'est le soleil couchant !

Les deux amies suivaient le marquis de Sommerson et la femme malade jusqu'à la source.

Ce fut le marquis lui-même qui présenta le verre d'eau à celle qui l'accompagnait. A la première gorgée, elle fut prise d'une horrible toux qui lui fit rejeter le verre.

— Non, dit-elle, j'aime mieux mourir tout de suite.

Et, reprenant le bras du jeune lord, elle ajouta :

— J'entends la marche du Tannhauser, allons nous asseoir sous les arbres.

Violette et madame de La Chanterie allèrent elles-mêmes s'asseoir sous les arbres, mais à quelque distance, pour mieux épier leurs sentiments. Était-ce une maîtresse qu'il avait avec lui ? était-ce une sœur ? était-ce une cousine ?

— Ce n'est pas une maîtresse, dit la chanoinesse. Voyez, il a pour elle une tendresse toute familiale.

Violette se rappela la Femme de Neige dont lui avait parlé madame de Campagnac bien avant qu'elle vît son portrait à l'*hôtel du Plaisir Mesdames*. Le mal l'avait ravagée, elle ne se ressemblait plus. Violette se demanda si cette Norwégienne, qui avait jeté son froid éclat dans la vie parisienne deux ans auparavant, n'était pas la femme malade qui s'appuyait sur lord Sommerson.

Et alors, si c'était elle, pourquoi ne serait-ce pas Octave ?

Combien de fois, déjà, n'avait-elle pas voulu retrouver le duc de Parisis dans le marquis de Sommerson !

— Mais non, disait-elle, je sens bien que je joue avec les illusions. Si c'était lui, est-ce qu'il ne se serait pas jeté dans mes bras en éclatant par un sanglot ?

III

Les points d'interrogation

Quand les deux amies rentrèrent pour dîner, La Chanterie dit à sa femme :

— Il y a des lettres qui viennent d'arriver de Paris, une entre autres de madame Monjoyeux, si j'ai bien reconnu l'écriture. C'est une lettre chargée, elle veut sans doute que tu mettes mille francs pour elle au numéro de son âge.

La lettre, était de Bérangère, pour mademoiselle de Parisis ou pour madame de La Chanterie. Elle était chargée, parce qu'elle en renfermait une autre beaucoup plus précieuse.

Voici d'abord celle de Bérangère :

Vous cherchez le duc de Parisis, Marquise, né cherche pas, je l'ai trouvé. Lisez plutôt cette lettre que Monjoyeux vient de trouver à Venise, où il est retourné pour le tombeau de la duchesse de Montefalcóne. Vous remarquerez que cette lettre a plus de six mois de date. Pourquoi M. de Parisis l'a-t-il adressée à Venise? Pourquoi ne l'a-t-on pas envoyée plutôt en France? Je ne sais, mais ce que je vois bien, c'est que le duc était vivant il y a six mois.

Violette, toute pâlissante, avait déployé la lettre de Parisis à Monjoyeux.

— C'est bien de lui, dit-elle.

Madame de La Chanterie lut la lettre à haute voix :

Mon cher Monjoyeux,

Ne regardez pas la signature, ne cherchez pas à reconnaître les hyérogliphes, c'est un revenant qui vous écrit. Ceci vous surprendra moins en voyant que je vous écris des pays de Swedemborg.

Vous souvient-il de l'histoire d'un La

*Chastaigneraye du temps de la Régence ? Il
eut un duel, il fut laissé pour mort. Quand
il revint à lui, il voulut jouer la comédie de
la mort. Il se fit faire un beau tombeau, mais
il ne s'y coucha pas. Il avait de par le monde
une maîtresse qu'il adorait, mais qu'il ne pouvait plus revoir. Il voulut tenter, une fois
son épitaphe faite, cette étrange aventure de
reparaître devant elle sous un autre nom et
sous une autre figure, de la séduire une seconde fois pour retrouver toutes les délices
d'un amour inapaisé. C'était de l'extrava-
gance, mais le monde de l'amour est aux
extravagants. Il arriva qu'il fut plus aimé
la seconde fois que la première, parce qu'il
fut aimé de tout l'amour passé et de tout
l'amour nouveau, car vous savez, Monjoyeux,
qu'on se console de n'arriver le second dans
le cœur d'une femme que parce qu'on est aimé
encore plus que le premier.*

*Eh bien! mon cher ami, je suis bien capable
un jour de jouer le rôle de La Chastaigneraye,
si je me décide à remettre le pied sur le théâtre de ma jeunesse.*

Je dis ma jeunesse, comme si j'en étais à

cent lieues! Il n'y a pas deux ans que j'en suis séparé, mais, s'il y a des années qui sont des secondes, il y a des années qui sont des siècles, Il me semble que je ne vous ai pas vu depuis bien longtemps, vous qui étiez la gaieté, l'esprit, l'humour, l'imprévu de toutes nos fêtes.

J'ai beau vouloir me cacher, vous m'avez déjà reconnu. Et vous m'avez reconnu avec un sentiment mêlé de joie et de regret. Vous vous demandez si j'ai bien le droit de vivre. Ne serais-je pas mieux à ma place dans la crypte des tombeaux du château de Parisis, à côté de ma chère Geneviève, mon désespoir éternel? Mais après tout, mon cher ami, croyez-vous que je serais plus près d'elle si j'étais mort. Vivant, je l'ensevelis dans mon âme et je ne respire que dans son souvenir.

Horrible drame! Il me faut bien croire à votre amitié pour que je me retourne vers cet assassinat qui a ensanglanté toute ma vie passée.

Vous êtes venu me serrer la main, je respirais encore, mais je m'obstinais à mourir dans les bras de Geneviève, me croyant d'ailleurs atteint mortellement. La balle de M. de Fontaneilles n'avait pas atteint le cœur, elle avait effleuré le poumon. J'étais anéanti par le sang répandu et par l'effroi de mon malheur. Ce qui me tuait, c'était la mort de Geneviève.

Je vous ai parlé de cette adorable créature que nous nommions la Femme de Neige et que j'avais rencontrée aux Champs-Élysées. Elle était arrivée le soir même à Ems, elle me savait à l'hôtel de Russie, voilà pourquoi elle était à l'hôtel de Russie. Dans cette nuit de malheur, quand le silence se fut fait dans l'hôtel, elle voulut, elle aussi, me dire adieu.

Vous le dirai-je, mon cher ami? Vous savez que j'ai toujours considéré la femme comme une providence. Quoique je fusse bien décidé à mourir, quand celle-ci me prit dans ses bras, j'eus la lâcheté de vouloir vivre. Ah! je ne suis pas un stoïcien! Est-ce ma faute d'ailleurs s'il me vint cette idée qu'avec cette étrangère, je pourrais fuir bien loin sans qu'on sût jamais que j'eusse survécu. Pourtant je ne me résignai pas à vivre sans d'horribles combats. Quoi que fît cette femme, je ne pouvais pas m'arracher à Geneviève. Je me demande encore à cette heure comment j'ai pu l'abandonner. C'est que le tombeau est bien noir, mon cher Monjoyeux! Vous savez que je ne crois pas au lendemain, quoique Geneviève m'ait fait croire à Dieu. Je cherchais à m'excuser en me disant que, si je lui survivais, c'était pour vivre de son âme.

Eh bien! ce fut vrai pendant longtemps. J'ai couru le monde avec la Femme de Neige comme j'eusse fait avec vous. C'était un compagnon de voyage, c'était une maîtresse, mais elle s'effaçait sans cesse en me parlant de Geneviève. Et quand elle avait parlé de Geneviève, elle parlait de Violette, car elle savait toute mon histoire. Elle me parlait aussi des autres femmes que j'ai bien aimées, comme madame d'Entraygues, une passion de huit jours, comme madame de Campagnac, une passion d'une heure.

Quoique toutes ces images me fussent chères, je me trouvais si loin de ma vie passée qu'il me semblait souvent que j'étais mort et que je me ressouvenais. Je croyais habiter un autre monde d'où on pouvait voir vaguement le spectacle de la terre.

Les morts vont vite, le poète l'a dit. Quand, un matin, je me réveillai dans les bras de la Femme de Neige, c'en était fait de mes aspirations vers la mort. Toute la vie était revenue en moi par l'amour. Vous me reconnaissez, n'est-ce pas? Vous êtes trop philosophe pour me condamner.

C'est pour moi un vif plaisir de vous écrire. Je ne crois pas beaucoup à l'amitié, si ce n'est à la nôtre, parce que nous nous retrouvons l'un dans l'autre. Ceux qui ont déchiré ensemble la robe de la jeunesse se rencontrent avec joie, parce qu'ils retrouvent quelque chose d'eux-mêmes, comme ces vieux soldats qui ont été à la bataille ensemble et qui disent avec enthousiasme quand on leur parle d'une belle action : « J'y étais ! »

Nous y étions, mon cher Monjoyeux, voilà pourquoi je vous écris sans crainte d'être trahi. Voilà pourquoi je signe en toutes lettres.

OCTAVE DE PARISIS.

P. S. *Donnez-moi des nouvelles, ou plutôt venez m'en apporter, si vous n'avez pas peur de sculpter dans la neige.*

Écrivez-moi au château de Thorshawen par Christiania; je suis mort, ne me ressuscitez pas à Paris.

Cette lettre ne trouva pas Monjoyeux à Paris. Sa portière, voyant un timbre étranger, jugea que c'était une nouvelle importante; elle dit au facteur qu'il fallait l'envoyer à Venise, hôtel Danielli, où il avait pris pied la première fois et d'où il avait écrit à Paris. La lettre y resta longtemps, parce que Monjoyeux, quand il retourna à Venise, habita l'hôtel Bellevue sans retourner à l'hôtel Danielli. Enfin, il la rapportait à Paris en toute hâte.

Violette la relut une seconde fois. Elle se demanda comment Octave n'avait pas écrit une seconde fois, puisque Monjoyeux ne répondait pas.

Que ne se demanda-t-elle pas? Toutes les questions brûlaient ses lèvres. Quelle était cette maîtresse qu'il voulait séduire encore?

— C'est vous, lui dit madame de La Chanterie.

— Mais non ! moi, il me croit morte, c'est la marquise de Fontaneilles, cette passion inassouvie.

— Elle est morte.

— Il ne le savait pas en écrivant cette lettre.

Et Violette questionnait toujours.

Puisque Parisis était vivant, c'était bien lui que la charcutière avait revu à Coblentz. Où allait-il ? Il retournait sans doute à Christiana ? Si elle y allait pour le voir ? Mais la recevrait-il ? Ne la renverrait-il pas à son tombeau en Espagne ou a son couvent des Filles repenties ? Ce grand amour qui la brûlait toujours, même à travers Sommerson, il ne le partageait plus depuis longtemps ; sans doute elle n'était pour lui que la Violette abandonnée et retrouvée sous la figure d'une cousine de la main gauche. Qui sait s'il se souvenait encore d'elle après sa résurrection miraculeuse !

IV

Histoire ancienne

Si vous avez lu les *Grandes Dames*, vous n'avez peut-être pas oublié l'histoire de celle qu'on avait surnommée la *Femme de Neige*. Octave de Parisis l'avait rencontrée un soir au concert des Champs-Élysées dans sa blancheur éclatante marchant seule avec sa rêverie. Elle avait « le charme pénétrant, la douceur fuyante, la morbidesse corrégienne des femmes qui ont hanté la neige. » Le duc de Parisis fut un coup de soleil sur cette neige fondante ; elle aussi fut soudainement séduite par Parisis, mais ce fut alors qu'elle eut la nostalgie de la neige. Il lui semblait qu'elle ne laverait son péché que dans une avalanche. Elle était repartie pour Christiana, pour plus loin encore, le château de Thorshawen, surnommé le château du Diable. Mais on n'a pas si bon marché du souvenir d'un premier amant, surtout quand le premier amant s'appelle Octave de Parisis. Elle le regretta, elle s'acharna à sa pensée, elle lui écrivit en prose et en vers, jusqu'au jour où, déjà malade, elle vint à Ems comme conduite par la main providentielle, puisqu'elle arriva la nuit même du drame. Elle revit son amant tout ensanglanté dans les bras de sa jeune femme.

Ce fut grâce à elle si le duc de Parisis survécut. Certes il fallait à Octave le baume d'un amour ancien et nouveau pour fermer des blessures mortelles.

Éva fit un prodige en le séparant ainsi de cette Geneviève adorée qu'il voulait suivre dans le tombeau. Mais l'amour de la vie est si vif devant la mort que le duc de Parisis se tourna vers la lumière avec la vague espérance d'une vie nouvelle, non pas dans l'autre monde, mais dans celui-ci.

Combien qui le condamneront, mais combien qui s'avoueront tout bas que la tombe est noire! Suivre une femme dans la mort, ce n'est pas la sauver; lui survivre n'est-ce pas vivre en elle et pour elle? Du moins c'est le premier cri.

Le duc de Parisis fut longtemps penché vers le souvenir de Geneviève, toujours malade, toujours mourant. Mais sa robuste constitution le retint. Il s'habitua mollement aux douceurs de la vie à deux dans les solitudes du château de Thorshawen.

Il se passionna presque pour cette nature du Nord, où l'hiver a des majestés incomparables. Il aima bien vite cette souveraine mélancolie des neiges éternelles, des lacs glacés, des forêts centenaires, ces orgues primitives où le vent joue les symphonies les plus terribles et les plus douces. Pour cet esprit ardent et curieux, une nouvelle nature était une étude nouvelle.

Éva était bien la femme de résurrection; elle ne riait jamais. La joie se trahissait à peine par un demi-sourire, son âme n'apparaissait qu'à travers les nuages. Il semblait, quelle que fût sa quiétude, que le pressentiment de sa mort prochaine s'exprimât toujours sur sa figure. Elle portait le deuil en blanc, mais elle portait le deuil de sa jeunesse, qui allait descendre au tombeau.

Quand elle était venue à Ems, ç'avait été pour prendre les eaux après une bronchite aiguë, mais elle était partie pour emmener Octave à Thorshawen, ne songeant plus à elle, toute à Parisis.

On avait vécu presque heureux pendant près de six mois au château du Diable. Je dis presque heureux parce que ni lui ni elle ne pouvaient s'oublier dans un bonheur parfait. Lui s'éloignait à peine de la mort, tandis qu'elle s'en approchait de jour en jour.

Tout amour a ses nuages, surtout quand des hommes comme Parisis sont les amoureux.

Un jour qu'il chassait dans les grands bois, il s'égara. Vieille histoire toujours nouvelle. Le soir la comtesse de Thorshawen attendit Parisis avec la plus vive inquiétude. Que lui était-il arrivé !

En Norwége, quand on s'égare, on peut trouver un château hospitalier. Près de la cascade de Léer, le petit château rustique de Havoë profilait son architecture dans les sapins. Dans ce petit château il y avait quatre jeunes filles. Parisis était allé frapper à la porte pour demander son chemin.

La mère, qui avait vécu en France et qui avait encore quelques prétentions pour les aventures, lui dit qu'il était dans son chemin et qu'elle ne lui permettrait pas, par une nuit si sombre, de retourner à Thorshawen. Il la remercia de tant de grâce. Mais, après avoir quelque peu causé avec elle et avec ses filles, il demanda un guide et s'en alla en promettant de revenir. On s'ennuyait tant à Havoë!

Il revint en effet, une fois, puis deux fois, puis trois fois. Il ne se laissa pas prendre à la mère, mais il remarqua une des filles, la troisième, un chef-d'œuvre de beauté délicate et suave, une âme plus qu'un corps, une vision poétique. Elle même se prit à lui avec toute la violence du feu. Elle se jeta dans ses bras un jour qu'il se trouvait seul avec elle. Il sentit les flammes d'un premier amour courir autour de lui.

On sait que le grand jeu de Parisis était

toujours de fuir les femmes dès qu'elles voulaient courir après lui. Cette fois il jeta de l'eau sur le feu, mais le feu brûla toujours. Il ne voulait pas aimer cette jeune fille, il ne l'aimait pas, mais il avait peur de l'aimer. Elle éveillait en lui je ne sais quel sentiment inconnu jusque-là, tout à la fois virginal et fraternel.

— Ah! s'écria-t-il un jour en la voyant pleurer, pourquoi Dieu ne m'a-t-il pas donné une sœur ?

Cette jeune fille se nommait Émilie. Le duc de Parisis l'avait troublée à ce point qu'un jour, ne le voyant pas venir chez sa mère, elle se hasarda jusqu'au château de Thorshawen. Elle avait vu deux ou trois fois la comtesse, elle inventa une fable pour être accueillie.

La comtesse fut jalouse. Elle vit bien que la pauvre enfant venait pour Parisis et non pour elle. Elle l'interrogea d'une bouche sympathique. Émilie se mit à pleurer et lui dit qu'elle voulait aller dans un couvent de France.

Parisis survint alors. La comtesse le laissa seul avec la jeune fille, en lui disant :

— Réparez le mal que vous avez fait.

Comment Parisis répara-t-il le mal qu'il avait fait?

Ce qui est certain, c'est que la jeune fille disparut du château de Havoë, pour aller au couvent sans doute.

La comtesse de Thorshawen ne songea plus à cet accident dans la sérénité amoureuse de sa vie avec Octave. Elle continua à être pour lui la femme de toutes les heures. Elle souffrait de sa bronchite, mais elle cachait son mal par un divin sourire.

Il aimait la musique, Ève lui jouait tous les chefs-d'œuvre allemands. Il ne parlait jamais de Paris. Il ne faisait pas de façons pour être de moitié dans la vie princière de la comtesse. Comme elle le savait riche, il n'eut même pas à lui parler de ces choses-là.

Ce n'était pas l'argent qui inquiétait Ève : elle souffrit profondément, et silencieusement d'avoir abdiqué tout sentiment de vertu dans son pays, presque dans sa famille.

On parla beaucoup à Christiana de la singulière manière de vivre de cette belle fille qui donnait ainsi l'hospitalité à un homme de bonne mine, mais qui ne montrait pas ses parchemins. Et quand même il eût dit son nom, Eve n'en eût pas moins été condamnée.

Mais elle avait fait tous les sacrifices. Elle avait peur de mourir bientôt : que lui importait le monde, pourvu que son amant lui restât ? Hélas ! il devait bientôt lui rester si peu.

La Femme de Neige avait eu à Paris la nostalgie de la neige. A Christiana et au château du Diable, Octave de Parisis eut bientôt la nostalgie du soleil.

Quoiqu'il se fût juré à lui-même de ne jamais reparaître à Paris, d'être un homme nouveau dans une vie nouvelle, à peu près comme s'il eût traversé le tombeau et qu'il se fût réveillé dans un autre monde, il se décida à renouer la chaîne d'or et de fer qu'il avait brisée à Ems.

Même dans le château du Diable, cette douce prison de neige, la solitude des solitudes, il lui était venu çà et là des échos de Paris. Il avait appris, par un journal de sport, que ses amis continuaient à vivre dans leurs folies ; il s'était d'abord jugé bien heureux de ne plus être de ce vain monde où le cœur et l'esprit n'ont pas une heure de bonne foi. Mais, peu à peu, il s'était dit aussi que la solitude la plus poétique est presqu'un sommeil pour ceux qui ont passé leur jeunesse dans les endiablements du boulevard, des coulisses, du jeu et des coquines.

Une autre fois, dans un récit des soirées de la duchesse de Montefalcone, il eut la certitude que Violette vivait. Il en avait d'ailleurs toujours eu le vague pressentiment.

Violette vivait ! c'était la mort de la Femme de Neige.

Il se décida un jour à écrire à Monjoyeux, c'était un cœur loyal, il pouvait lui conter son secret. Qui sait si Monjoyeux ne se déciderait pas à venir le voir à Christiana.

Or, ce fut alors qu'il lui écrivit cette lettre qui fut si longtemps perdue à Venise.

Le duc de Parisis fut surpris de n'avoir pas de réponse de Monjoyeux. Il s'en inquiéta d'autant plus que, lisant dans les journaux la mort de Santa Cruz et de la duchesse de Montefalcone, il crut reconnaître Violette et madame de Campagnac dans ces deux amies de la duchesse, qui n'étaient arrivées que pour voir la catastrophe voulue par Bianca. N'était-ce pas, en effet, Violette et madame de Campagnac, ces deux dames qu'on ne nommait pas, mais dont on arrachait le voile par des indiscrétions comme celles-ci :

« Tout Paris, le Paris du *kigh life*, connaît
« la première, par son aventure d'une heure,
« — l'heure du diable, — avec le duc de Pa-
« risis, cette heure qu'elle n'a pu oublier et
« qu'elle eût voulu recommencer avec le duc
« de Santa-C. L'autre est-elle moins connue
« parce qu'elle a pleuré toutes ses larmes
« dans la retraite? Les violettes ont beau
« se cacher, elles sont trahies par leur parfum.

« Le beau Parisis fait encore des siennes
« après sa mort, les femmes qu'il a aimées
« portent sa marque et la porteront toujours.
« Ses amis, comme les généraux d'Alexandre,
« se disputent son empire et prouvent qu'ils
« sont bien de son école. Seulement, on a remarqué que toutes ces personnalités paraissent et disparaissent comme des capucins
« de cartes. Les Don Juan d'aujourd'hui en
« remontreraient aux Don Juan de Molière
« et de Byron ; mais depuis que le diable

« abdiqué, leur royauté n'est plus sérieuse.
« Le seul qui ait imprimé une figure accen-
« tuée, c'était le duc de Parisis ; il paraît déci-
« dément que celui-là connaissait tous les
« trucs. Voilà pourquoi, ces jours-ci encore,
« une vraie grande dame s'écriait devant la
« mise en scène maladroite d'un homme du
« monde qui voulait être irrésistible. O Pari-
« sis, où es-tu ? »

Ce bout de chronique troubla beaucoup Octave, parce qu'il y trouvait la preuve que Violette n'était pas morte, et parce qu'il voyait qu'il faisait encore bonne figure dans le monde parisien.

— Si j'allais à Paris, dit-il.

Mais il lui paraissait impossible de reparaître jamais au milieu des railleries et des imprécations qui devaient l'accueillir dans quelque monde qu'il se présentât, non pas qu'il ne se fût habitué à tout braver. Il savait bien d'ailleurs qu'il n'avait qu'à se montrer pour avoir raison des hommes et des femmes, mais la figure ensanglantée de Geneviève planait au-dessus de lui comme pour lui défendre cette profanation.

Il lui vint alors cette idée de reparaître à Paris avec une autre figure et sous un autre nom. Il avait laissé pousser toute sa barbe; un sentiment plus grave s'était répandu sur son visage; son front était plus lumineux, son œil était plus profond. Il portait la marque d'une grande douleur. L'éternelle raillerie s'était envolée de ses lèvres. On pourrait dire peut-être qu'il ressemblait au duc de Parisis, mais qui s'aviserait de le reconnaître ? Il avait pris l'habitude de parler anglais avec sa maîtresse; s'il s'étudiait bien, il ne parlerait plus français, il achèverait ainsi de tromper les plus clairvoyants. L'homme est né comédien, la comédie est partout : au banc de l'avocat, à la tribune de l'orateur, sur le fauteuil du conférencier, à la chaire du prédicateur, sous l'éventail de la coquette. Si l'homme ne joue pas la comédie, c'est qu'il est né spectateur.

Octave de Parisis décida qu'il retournerait à Paris, ne fut-ce que pour y faire une rapide apparition. Il prendrait le nom d'un de ses amis, lord Sommerson, qui venait de s'exiler, lui aussi, dans un amour caché. Il se ferait présenter comme un nouveau venu qui n'a jamais traversé la capitale des capitales. Pour achever l'illusion, il présenterait la Femme de Neige comme sa sœur.

Mais comment la décider elle-même à cette comédie ? Elle l'aimait follement, elle avait peur de le perdre, elle avait pleuré de vraies larmes.

L'amour convainc l'amour : Octave fut si éloquent qu'il gagna Eve à son idée. Elle s'imagina, puisqu'elle lui était utile au moins comme comparse, qu'il ne pouvait se séparer d'elle. D'ailleurs, elle l'aimait trop pour ne pas se sacrifier, même à une fantaisie. Elle le croyait revenu des passions au jour le jour : où trouverait-il à Paris une seule femme qui l'aimât comme elle à la vie à la mort ? Aussi, dès qu'il lui parla de tenter cette aventure, elle lui dit d'un air décidé :

— Eh bien ! partons.

Et ils partirent.

A peine se furent-ils éloignés de l'avenue du château du Diable, ils se retournèrent. Un sanglot s'échappa des lèvres d'Eve.

Octave la prit dans ses bras :

— Je t'aime ! lui dit-il.

— Oui, répondit-elle tristement, mais souviens-toi de ce que tu m'as dit un soir ici en répétant les paroles d'un de nos poëtes : « Ce château a renfermé la moisson du bonheur. »

— Oui, je me souviens, mais t'aimerai-je moins parce que nous allons voir le soleil? S'il y a ici des moissons, il y a des vendanges là-bas.

Et voilà comment ils arrivèrent à Paris, au commencement de l'avant-dernier hiver.

La Femme de Neige loua sous son nom, mais avec la promesse d'un secret absolu, le petit hôtel de la rue Lord-Byron, numéro 12. Elle en fit un nid d'amoureux.

Elle y mit les images les plus aimées de Parisis; elle s'imagina qu'elle y retrouverait les adorables causeries du pays de la neige. Ce n'était d'ailleurs qu'un pied-à-terre.

Mais, à peine arrivée à Paris, elle fut rappelée en Suède par une sœur mourante qui, comme elle, était atteinte à la poitrine, surtout atteinte au cœur par une passion malheureuse. C'était la seule de sa famille qui ne l'eût pas maudite au château du Diable, quand Octave y était apparu : elle voulut courir pour la sauver.

Octave l'accompagna jusqu'à mi-chemin, et la quitta en lui disant qu'il allait à Londres, mais il revint droit à Paris.

On vendait alors son écurie de courses; il pria le duc de Hamilton de la lui racheter : Vainement il avait cherché Monjoyeux, qui était alors en Italie.

Quand il eut ses chevaux, il alla à Londres pour mieux anglo-franciser son écurie et pour se faire de l'argent.

A Londres, il se lia avec le vicomte d'Arcq et quelques autres Français qui ne le connurent que sous le nom d'Albert de Sommerson. Il ne reprit le nom de Parisis que chez un banquier qu'il connaissait de longue date, où il laissa sa signature sur cinq cent mille francs de traites. Voilà pourquoi deux cent mille francs avaient déjà été présentés à son intendant, M. Rossignol.

Plus d'une fois il vit Monjoyeux, mais sans vouloir s'approcher de lui, parce qu'il était marié, parce qu'il connaissait trop sa femme, parce qu'il ne doutait pas qu'il ne fût trahi dans son incognito par Bérangère, qui sans doute avait les secrets de son mari. « Le lit découvre tous les secrets. »

Il regrettait de lui avoir écrit, mais puisqu'il n'avait pas reçu de réponse, c'est que la lettre s'était égarée en route. D'ailleurs, puisqu'en le voyant çà et là aux courses et au théâtre, Monjoyeux n'était pas allé à lui, c'est qu'il ne le reconnaissait pas.

Il fut effrayé de l'oubli où il était déjà. Il semblait que mille pelletées de terre eussent été jetées sur lui ; aussi son jeu lui fut-il bien plus facile qu'il ne se l'était imaginé. Puisque nul ne songeait à lui, qui donc eût pensé à le reconnaître ? A Paris, ce n'est pas la Seine qui passe, c'est le Styx, et le fleuve emporte tous les jours les images et les bruits de tous les jours. Nouveaux noms, nouvelles figures, nouvelles équipées ; tout fuit, rien ne demeure. C'est imprimé depuis longtemps ; mais on ne se figure pas avec quelle effrayante rapidité le néant passe sur tout. Après un an d'absence, Octave se trouva à mille siècles de lui-même.

Quoiqu'il se fût promis de vivre désormais

dans l'étude, loin des femmes, il se laissa bientôt reprendre à ses mauvaises habitudes.

On sait à peu près le reste. Il était revenu à Paris; il soupa chez quelques comédiennes, il se hasarda dans trois ou quatre salons, décidé à faire passer un mauvais quart d'heure à celui qui oserait le reconnaître. Il avait daigné faire le bonheur de quelques filles à la mode, il avait eu les bonnes grâces de mademoiselle Charmide, croyant obtenir celles de madame de Montmartel; il avait été l'amant de la marquise de Néers et de beaucoup d'autres; enfin il avait retrouvé sa chère Violette, qu'il avait séduite sous une nouvelle figure, comme le La Chasteigneraye dont il parlait dans sa lettre à Monjoyeux.

Mais il y a une chose qu'on sait mal, c'est l'histoire de cette étrangère qui était au château de la Roche-l'Épine en vertu d'un bail signé d'Octave de Parisis. Quelle était cette jeune fille mystérieuse?

Il y a une autre chose qu'on ne sait pas mieux, c'est l'histoire de l'*hôtel du Plaisir-Mesdames*. Pourquoi tant de femmes à la mode s'y donnaient-elles rendez-vous? Pourquoi madame de Montmartel y rencontrait-elle lady Hartson? Pourquoi la duchesse de Santa-Fé y rencontrait-elle la chanoinesse rousse? Pourquoi Bérangère et Victoria y sont-elles allées?

Qui donc donnait la clef à toutes ces dames?

Combien de points d'interrogation devant ce mystère !

V

Comment meurent les femmes

Cependant, après le dîner, Violette, inquiète jusqu'à la fièvre, voulut aller au trente et quarante comme si elle dût y rencontrer lord Sommerson. Elle ne lui avait pas parlé à la promenade, mais elle était bien décidée à l'aborder dans le tohu-bohu de la salle du jeu.

Que lui dirait-elle? Elle ne le savait pas bien; mais, dévorée par son amour pour lui et pour Parisis, elle chercherait à savoir lequel des deux était sa vraie passion. Elle avait nié jusque-là qu'on pût aimer deux hommes à la fois; mais elle croyait fermement qu'elle était prise corps et âme, à la vie à la mort, par ces deux figures. Elle s'accusait de libertinage de cœur et d'esprit, mais la passion était si forte qu'elle n'avait plus le courage de se révolter contre elle-même. Elle subissait fatalement son mal.

Dans la salle du trente et quarante, elle passa deux heures sans y voir venir lord Sommerson. Il était donc bien assidu auprès de cette malade! C'était donc sa maîtresse! Elle marchait sur du feu tout en ayant l'air de s'intéresser aux bonnes ou aux mauvaises fortunes des joueurs.

Dans son impatience, elle questionna et fit questionner par madame de La Chanterie.

Elles apprirent que lord Sommerson était arrivé depuis huit jours, qu'il était descendu au Kursaal avec la dame malade, et qu'elle l'avait emmené le soir même après une crise violente, en disant qu'elle ne voulait pas mourir à Ems.

Où étaient-ils allés? Pas un mot à Violette! Il était donc bien préoccupé ou bien oublieux? Et pourtant chaque fois qu'ils s'étaient revus, depuis leur première rencontre au bal de l'Opéra, c'avait été une fête pour lui comme pour elle. C'est que le duc de Parisis se sentait pris à un nouveau drame, et qu'il ne voulait pas profaner encore un amour par un autre.

Le lendemain point de nouvelles — ni le surlendemain. — Violette jugea qu'il ne reviendrait pas à Ems. Elle espérait une lettre, mais vainement alla-t-elle deux fois par jour à la poste.

La Chanterie offrit à sa femme et à Violette de les conduire à Bade. Qui sait, lord Sommerson était peut-être là?

Elle voulut bien partir. Mais à Bade, ne trouvant pas le marquis, elle ne resta que quelques heures.

— Je suis triste comme la mort, dit-elle à la chanoinesse. Je fais trop mauvaise figure dans un pays où l'on s'amuse. Je vais retourner à Parisis.

Madame de La Chanterie essaya d'abord de la retenir, mais elle finit par lui dire qu'elle avait peut-être raison de retourner à Parisis, où cette fois elle aurait sans doute de vraies nouvelles d'Octave.

Elles partirent toutes les deux.

Était-ce plutôt à Paris qu'il fallait retourner? C'était là que voulait mourir la Femme de Neige, dans les bras de sa sœur, qu'elle avait presque sauvée et qu'elle avait amenée à Paris, où cette jeune fille s'était attardée dans l'idée d'un mariage romanesque, car l'amour avait été son vrai mal.

Mais la comtesse de Thorshawen ne mourut pas dans les bras de sa sœur.

Une fois dans le wagon qui va d'Ems à Coblentz, elle se sentit mieux. Elle dit à Octave que décidément les eaux lui étaient mauvaises, qu'elle ne reconnaissait qu'une chose qui lui fût bonne : c'était son amour.

De Coblentz à Cologne, le voyage lui fut plus rude, elle eut encore des crises terribles.

Cette fois le duc de Parisis craignit qu'elle ne mourût en route. Il avait consenti bien volontiers à l'emmener loin d'Ems, comme s'il eût peur de s'y retrouver, après deux ans, à une autre catastrophe. Mais il voulut que la malade fît une station de quelques jours à Cologne.

— Jamais, dit la comtesse de Thorshawen :

cette ville est un tombeau pour moi, je ne veux pas mourir là.

Le duc de Parisis se décida donc à tenter le voyage.

Elle avait essayé de manger une aile de poulet au buffet de Cologne, à peine si elle avait pu boire un demi-verre de vin du Rhin.

Quand Octave la prit dans ses bras pour la porter dans le wagon, elle eut encore une crise et faillit rendre l'âme. Bien décidément, il ne voulut pas partir.

Il l'emporta malgré elle dans une chambre à coucher de l'hôtel du Dôme. A peine l'eut-il mise sur le lit, qu'elle s'endormit.

C'était le commencement de la mort. Le surlendemain, Ève n'avait plus qu'un souffle. Ce fut alors que Monjoyeux et Bérangère entrèrent dans la chambre d'Octave.

— Quoi! s'écria Monjoyeux, en se jetant dans ses bras, je cours à Ems pour retrouver Violette, pour lui parler de votre résurrection, et — ceci est un autre miracle — je vous trouve en route!

Monjoyeux raconta en quelques mots qu'il s'était arrêté un jour à Cologne pour voir la cathédrale, le trésor et l'eau de Cologne, comme le premier Anglais venu.

Octave avait eu beau lui faire signe qu'une femme dormait, Monjoyeux avait voulu finir sa phrase.

Le duc de Parisis ne savait trop quelle figure faire devant Bérangère ; mais il n'y avait pas à choisir, elle le connaissait maintenant sous son vrai nom. Il n'était pas fâché d'ailleurs de supprimer ce lord Sommerson, qui avait failli être trop bien dans les papiers de Bérangère.

Il entraîna Monjoyeux et sa femme dans le salon voisin pour leur raconter en quelques mots les phases de son étrange résurrection avec cette pauvre femme, qui sans doute allait mourir là sur un lit d'auberge, elle qui avait un des plus beaux châteaux du monde et qui était jeune, belle, aimée.

Bérangère, toujours enthousiaste, dit qu'elle voulait la sauver, quoiqu'elle pensât à Violette.

A cet instant, Octave entendit prononcer son nom, il courut vers la comtesse de Thorshawen.

— Ève, lui dit-il en lui prenant la main, j'étais là avec des amis qui m'ont retrouvé.

La Femme de Neige s'était soulevée. Elle regardait Octave avec des yeux égarés.

— Je meurs, lui dit-elle, adieu !

Octave la prit dans ses bras avec amour.

— Non, tu ne mourras pas ! Je t'aime : tu vivras.

Il prit un des petits poignards d'or qu'il portait toujours sur lui et le ficha dans les beaux cheveux de la comtesse de Thorshawen.

Monjoyeux et sa femme s'étaient avancés silencieusement jusqu'à la porte : la mourante ne les voyait pas.

— Non, va ! dit-elle à Octave, tu as beau faire, il faut que je meure. Rappelle-toi la légende : « *L'amour des Parisis donne la mort.* »

— Quoi ! s'écria-t-il avec désespoir, tu m'auras empêché de mourir pour mourir toi-même ?

La voix de la comtesse n'était plus qu'un soupir.

— Je t'ai aimé, j'ai été bien heureuse, adieu ! Ah ! si tu m'avais aimée en France comme en Norwége, je ne serais pas morte ! Vois-tu, on ne fait vivre les femmes qu'à force d'amour ; mais toi, tu fais mourir toutes les femmes parce que tu en aimes toujours deux à la fois.

Parisis écoutait et ne trouvait rien à répondre. Enfin il hasarda ce pieux mensonge :

— Je n'aime que toi.

Ève essaya un sourire :

— Octave, embrasse-moi !

Le duc de Parisis embrassa la comtesse avec passion, comme s'il dût lui donner son âme pour la faire revivre.

Tout à coup elle se dégagea. L'amour de la vie eut un dernier cri :

— De l'air ! de l'air ! de l'air !

Le duc de Parisis la porta devant la fenêtre, restée ouverte.

Quand il la déposa sur un fauteuil, il pensa qu'elle avait fini de vivre et de mourir.

Monjoyeux s'approcha, puis Bérangère.

— Elle est morte, dit Octave en se frappant le cœur.

Monjoyeux lui prit la main pendant que Bérangère soulevait la tête de la comtesse.

— Ah ! vous êtes un terrible homme ! dit le sculpteur à Parisis. Combien vous en reste-t-il à tuer ?

— Ayez pitié de Violette ! dit la Femme de Neige.

On la croyait morte, elle eut encore ce cri pour Violette.

Ce fut son dernier mot.

— Cette fois elle est morte, dit Bérangère.

VI

Les contre-coups de la mort

A ce moment même, Violette entrait au château de Parisis, accompagnée de madame de La Chanterie.

Un orage terrible éclatait sur le pays.

— Oh! que je voudrais que le tonnerre tombât sur le château! s'écria Violette.

La chanoinesse, qui ne songeait pas le moins du monde à mourir, dit gaiement à Violette :

— Parlez pour vous, ma chère amie! soyez-moi plus hospitalière! Pourquoi donc ce désespoir insensé?

— C'est parce que je sens que tout est fini pour moi.

. . . .
. . . .

A ce moment même, au château de la Roche-l'Épine, on donnait l'extrême onction à la jeune fille qui y était venue si mystérieusement.

Le médecin et la dame de compagnie se disaient à mi-voix :

— Elle est morte ! elle est morte !

Mais elle rouvrit les yeux et s'écria comme si elle eût entendu :

— Non, je ne suis pas morte ! non, je ne mourrai pas !

Elle avait eu une vision étrange : elle avait vu mourir la Femme de Neige.

Elle fit signe à sa dame de compagnie :

— Il fallait, lui dit-elle, qu'une des deux mourût. Elle est morte : maintenant il m'aimera !

FIN DU TROISIÈME VOLUME.

TABLE DU TOME TROISIÈME

LIVRE I

LE SECRET DE LA TOMBE

I	*L'apparition*	3
II	*Le tombeau de Geneviève*	6
III	*Le voyage à Ems*	15
IV	*Récit de la charcutière*	25
V	*Où est le bonheur*	44
VI	*Le drame dans l'atelier*	49
VII	*La vengeance du mari*	62

LIVRE II

PORTRAITS DE QUELQUES FEMMES A LA MODE

I	*Profils*	67
II	*Du danger d'avoir une maîtresse qui ressemble à sa femme*	77
III	*La baronne de Malfontaine*	106
IV	*Histoire d'une fille perdue*	110
V	*Madame A. B. C. D*	141
VI	*Augusta*	146
VII	*Le troisième convive*	151
VIII	*Monsieur et madame Bonaventure*	155
IX	*Le numéro de la vertu*	164
X	*Comment madame de Valparay fut sauvée*	180
XI	*Je viens de chez ma mère*	184
XII	*Mademoiselle Aline*	193
XIII	*Les sept femmes de la Barbe-Bleue*	198
XIV	*La demi-duchesse ou les misères de l'argent*	207
XV	*Histoire de Jeanne Toutyva*	231
XVI	*La jeune mariée*	269
XVII	*Les poignards d'or*	284
XVIII	*Un divorce en l'an 1868*	293

XIX	*Madame Ajalbert*	302
XX	*L'amour ne vit que dans les obstacles*	306
XXI	*Brune et blonde*	318

LIVRE III

LA FEMME DE NEIGE

I	*Comment de La Chanterie sauva les dix-huit mille francs de Miravault* ..	323
II	*Pourquoi Violette avait entraîné la chanoinesse à Ems*	335
III	*Les points d'interrogation*	343
IV	*Histoire ancienne*	352
V	*Comment meurent les femmes*	370
VI	*Les contre-coups de la mort*	378

TYP. ALCAN-LÉVY, RUE LAFAYETTE, 61.

www.ingramcontent.com/pod-product-compliance
Lightning Source LLC
Chambersburg PA
CBHW060609170426
43201CB00009B/952